日本文化の
圖解小百科

如何過年、過節、品茶道
專為外國人解說的文化小百科

山本素子——著 小川花梨——繪 李佳霖——譯

作者序

「我想了解日本的新年」──當外國人這麼說時，該怎麼向他說明才好？要向他解釋門松跟鏡餅、屠蘇跟雜煮，還是年菜？日本各地的新年風俗其實大異其趣，而新年到底又是怎麼樣的一個節慶？要向沒有體驗過日本新年的人清楚說明，其實並非易事。

我長年教授外國人日文，經常碰到他們提出的各種疑問，而我在這過程中體認到要傳授日本文化無法單靠語言，必須同時搭配圖示解說，才能幫助他們更容易理解。而這一點，其實同樣適用於日本人身上，這樣的想法於是促成了這本書的誕生。

現在只要在網路上隨意搜尋即可獲得各式各樣的資訊，但若不具備基礎知識，其實無法從中辨識出自己所需的內容。反過來說，只要稍微掌握大致的概念，便得以深入理解。這本書若是能為各位打下基礎，會是我極大的榮幸。

日本文化具有豐富的面向，除了一年四季的節慶以外，更有表演藝術、工藝以及武道。也因為我希望盡可能在書中網羅各個面向，所以無法淋漓盡致地深入介紹。若是覺得這本書的深度略顯不足，建議讀者們可以另行上網進一步搜尋，或是閱讀專門書籍。

這本書將「易懂」作為第一優先考量，每個項目約有四頁左右的解說內容。讀者們無需按照順序閱讀，請從自身感興趣的項目開始讀起。

目錄 Contents

第1章　表演藝術

第2章　工藝

第 **3** 章　傳統才藝

第 **4** 章　藝術

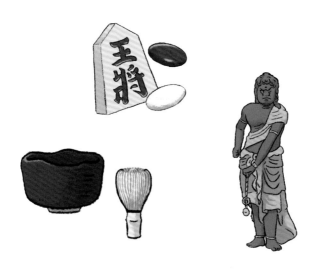

第 **5** 章　節慶

第 **6** 章　武道

第7章　住居與生活用品

章末專欄

在本書中，無固定稱謂的專有名詞一律統一為最常見的稱呼。
另，書中所介紹內容為截至2019年6月的資訊。

第
1
章

表演藝術

講究江戶形式美的娛樂
歌舞伎

　　歌舞伎最大的特色是所有角色均由男性擔綱演出，這是因為當時女性登台被以「擾亂風紀」為由遭到禁止。在幕府下令禁止將發生於武士階級的現實事件搬上舞台後，歌舞伎便祭出將故事時代背景設定在古代的對策，費盡各種苦心克服來自幕府的彈壓。

　　歌舞伎的劇碼分為歷史劇（時代物）、社會劇（世話物）、舞蹈劇（所作事）三種。歷史劇又分為以江戶時代之前的歷史事件為題材，以及將史實潤飾後以傳說形式呈現的類型；社會劇則是以發生於當代市井百姓間的事件為題材；舞蹈劇則是以舞蹈方式演出的劇碼。

　　歌舞伎的特色是只要觀察演員臉上所塗的顏色，便可分辨正反派。此外，歌舞伎也在舞台裝置與呈現手法等等，下足了娛樂觀眾的功夫。歌舞伎的許多劇碼源自於能劇或是文樂，因此堪稱自江戶時代延續至現代的全方位娛樂表演。

歷史

安土桃山

偏愛標新立異或偏離常軌的服裝以及行動的人，在此時期被稱作「傾奇者」（かぶきもの，與歌舞伎發音相同）。→歌舞伎的語源

慶長年間（1596～1615），一位名為出雲阿國的女性在京都開始推廣「かぶき舞」。→歌舞伎的起源

《阿國歌舞伎圖屏風（局部）》（京都國立博物館館藏）

江戶

幕府以擾亂風紀為由，禁止女性登台表演。之後雖然出現由年輕男性演出的「若眾歌舞伎」，但終究還是難逃被禁止的命運。

由男性擔綱的「女形」來扮演女性角色的「野郎歌舞伎」問世，歌舞伎在演技與呈現方面獲得提升。

元祿年間

江戶地區 初代市川團十郎大為活躍，他特別擅長既豪邁又強悍的「荒事」（打鬥場面）。

上方地區 大受歡迎的初代坂田藤十郎擅長深情詮釋男女間戀愛情事的「和事」（戀愛場面）。同一時期上方[1]地區也發展出「女形」的演出方式。

文化、文政時期的鶴屋南北（第四代），與幕末時期的河竹默阿彌，以劇作家身分活躍於當代。

譯註1：江戶時代對於今日的京都、大阪等地的統稱。

角色與呈現

立役 <ruby>立役<rt>たちやく</rt></ruby>

意為男性角色，或是擔任男性角色的演員。這個用語原是指涉站著演出的全體演員，相對於舞台上坐著的演奏者。

助六　出自《助六由緣江戶櫻》

女形 <ruby>女形<rt>おんながた</rt></ruby>

時姬　出自《鎌倉三代記》

意指女性角色，也意味著擔任女性角色的演員。由於幕府下令禁止女歌舞伎，也因此男性開始扮演女性角色，女形因而誕生。也寫做「女方」。

專欄　歌舞伎的角色與顏色

　　歌舞伎是江戶時代的大眾戲劇，因此特別在「隈取」（舞台妝）這種獨特的化妝方式下功夫，讓所有觀眾一眼就能分辨出角色。舞台妝的顏色各自代表不同的意義，將臉塗得全白的是善人；用砥石粉※塗成皮膚色的是普通人；從頭到腳塗得通紅的「赤面」則是頭腦簡單的壞人。雖然同樣是將臉塗白，但若臉上畫有紅色色條，代表的是朝氣蓬勃的年輕人，畫有藍色色條的則是作惡多端的大壞蛋。

※用烤過的黃土研磨成的粉末。可用於為漆器打底或是磨礪刀劍。

12

見得 <small>みえ</small> 見得

為演員情緒達到最高點時的靜止動作，演員會在最為誇張的表情與姿勢下靜止。圖為「元祿見得」。

《暫》鎌倉權五郎

《勸進帳》武藏坊弁慶

六方 <small>ろっぽう</small> 六方

為大幅擺手、強而有力邁步前行的表演橋段，會以名為「難波走」（ナンバ歩き）的同手同腳走法前進。種類上雖有「狐六方」、「傾城六方」等走法，但以圖中的「飛六方」最廣為人知。

時平之隈 <small>しへいのくま</small> 時平の隈

此為位高權重的大壞蛋的舞台妝「公家荒」。白底臉上所塗上的藍色色條顯示其作惡多端。

筋隈 <small>すじぐま</small> 筋隈

白底臉上塗上紅色色條，象徵的是極富正義感的年輕人。紅色色條越多，越能凸顯其膽識。

土蜘蛛之隈 <small>つちぐものくま</small> 土蜘蛛の隈

臉上若畫上咖啡色與靛藍色的色條，則表示這個角色為不屬於人世的妖怪或女鬼。

13

舞台裝置與機關

鱉口 スッポン
設置於花道的升降平台，可讓演員上下升降。

竹本床 チョボ床
說唱演員與三味線演奏者表演義太夫節[2]（竹本）的小房間。

定式幕 定式幕
僅用於歌舞伎舞台的三色直條拉幕。

主要舞台 本舞台

旋轉舞台 回り舞台
可讓演員或大型布景旋轉，為日本所發明。

左側 下手

右側 上手

花道 花道
演員登場的通道，也是舞台的一部分。

升降平台 セリ
讓演員（前方）和大型布景（後方）得以升降的舞台機關。

揚幕 揚幕
掛在演員出入口處的布幕。花道的盡頭同樣掛有揚幕。

歌舞伎中有不少娛樂觀眾的機關，當中的旋轉舞台不但能用於變換場景，更能讓兩個場景同時出現在舞台上。旋轉舞台發明於18世紀中期以前的日本，現在被全世界的劇場舞台所採用。

旋轉舞台會在戲劇張力十足的場面變換場景。

歌舞伎的背景音樂和效果聲響的演奏，是來自面對舞台左側的黑御簾[3]內，被稱作「下座音樂」。其中被稱作「鳴物」的擬聲效果，是透過太鼓和小型綁鼓等樂器和工具，可表現出風聲或波浪聲、雨聲或下雪等各式各樣的效果。

譯註2：「義太夫節」為日本傳統表演藝術「淨瑠璃」中最具代表性的說唱表演曲調，分為竹本與豐竹這兩派。
譯註3：有竹簾遮掩的黑色房間。

代表劇碼

《仮名手本忠臣藏》 仮名手本忠臣蔵

以發生於元祿15年（1702）的赤穗浪士復仇事件為題
材的作品。這齣劇碼是票房保證，所以別名為萬靈丹
（独参湯），一旦觀眾變少就會上演此劇。

《義經千本櫻》 義経千本桜

這齣劇碼以在源平合戰中取得功績，但卻與兄長源
賴朝產生嫌隙，結果只能潛逃至窮鄉僻壤的源義經
為主角，描述平家武將們邁向滅亡之路的過程。

《菅原傳授手習鑑》 菅原伝授手習鑑

此劇取材自平安時代被流放
至太宰府的菅原道真的傳
說，描述了被迫相互抗衡的
梅王丸、松王丸、櫻丸這三
胞胎兄弟的悲劇。

深奧與滑稽──性格迥異的兄弟品味
能劇・狂言

　　能劇是戴上面具表演的歌舞劇，在謠⁴與囃子⁵的伴奏下，建構出充滿魔幻氛圍的深奧世界。

　　狂言則是以誇張動作演出的滑稽科白劇，反映與現代人如出一轍的庶民樣貌。

　　能劇和狂言的起源是奈良時代來自中國的散樂。散樂在發展為猿樂後，便開始於寺廟與神社上演。觀阿彌與世阿彌這對父子檔在室町時代將「能劇」集大成，奠定其歌舞劇的型態；猿樂中滑稽的部分則變成「狂言」，演化成了兩者穿插演出的型態。

　　能劇與狂言在現代舞台上依舊是穿插演出，而入選為聯合國教科文組織無形文化遺產的「能樂」則是能劇與狂言的總稱。這兩者在交互作用下催生出相當耐人尋味的風韻。

歷史

奈良

能劇的起源是奈良時代自中國傳入的「散樂」。散樂包含了特技、模仿、魔術這三項要素，是相當多元的表演。

平安

散樂開始在神社與寺廟的祭典上演出，被稱作是「猿樂」。猿樂最終往街頭表演的性質發展；另一方面，此時另有在插秧時祈求豐收而演出的「田樂」，與猿樂並行發展。當時的猿樂與田樂都會上演作為歌舞劇的「能劇」。

鎌倉

猿樂的同業者工會（稱為「座」）誕生。猿樂中的舞蹈、謠曲，與模仿表演被分化為兩部分。

室町

大和猿樂・結崎座的觀阿彌與其子世阿彌為猿樂鞏固了新興娛樂的地位，並將中世的舞曲融入猿樂中，提升了能劇的藝術價值。而在能劇的劇碼間上演狂言的形式也奠定於此一時期。猿樂雖然在第三代將軍足利義滿的庇護下獲得長足發展，但因為應仁之亂使得京都陷入蕭條，猿樂最終也失去幕府與神社寺廟的後盾支持。

安土桃山

暫時失勢的能劇與狂言在武士階級間傳播開來，戰國武將中也不乏能劇與狂言的愛好者，像是織田信長與豐臣秀吉。特別是秀吉對能劇與狂言的著迷更是眾所皆知，他本人也曾登台演出多次。

江戶

德川幕府對於能劇的支持不遺餘力，演出能劇的演員更是任職於幕府與各藩國。能劇在當時尚不脫武士階級的娛樂，平民百姓無法自由觀賞。老百姓唯一被允許欣賞的「謠」在當時更成為一項高雅的才藝，大受歡迎。

明治

明治維新後，能劇演員喪失了幕府的保護傘，能劇也因而衰退，不過政府高官與財經界人士也取而代之成為新的庇護者。明治14年（1881），能樂劇場能樂堂於東京的芝建立，能劇開始定期上演。

譯註4：「謠」指的是能劇中的聲樂演唱，演唱時會按照節奏吟唱台詞。
譯註5：「囃子」指的是能劇中的樂器演奏，以笛子演奏旋律，並搭配鼓類的打擊樂器。

舞台

能劇舞台（照片提供／國立能樂堂）

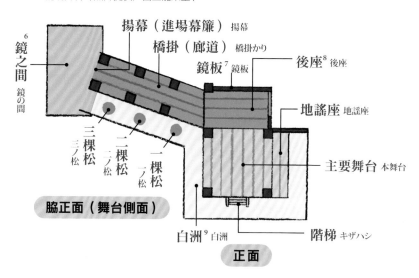

揚幕（進場幕簾）揚幕

橋掛（廊道）橋掛かり

鏡板[7] 鏡板

後座[8] 後座

鏡之間[6] 鏡の間

地謠座 地謠座

三棵松 三ノ松

二棵松 二ノ松

一棵松 一ノ松

脇正面（舞台側面）

主要舞台 本舞台

白洲[9] 白洲

階梯 キザハシ

正面

能劇舞台的特徵是設有屋頂，且與觀眾席間並沒有布幕。表演者在穿越廊道後現身於主要舞台上。負責演奏樂器的「囃子方」坐在後座上；負責演唱謠的「地謠」則是坐在地謠座上。

上演形式

在江戶時代，每次上演會依序演出五種類型的能劇，並於其間穿插狂言。即便是在現代，能劇與狂言依舊是交互穿插演出。

動作

能劇與狂言中有著特殊的演出動作。

準備姿勢 カマエ

基本姿勢。在站直的情況下身體略向前傾。重心下沉後稍稍屈膝，並縮下巴。兩手像是要構成一個圓形一樣張開。根據角色不同，彎腰以及張開雙手的方式會有所不同。

運步 ハコビ

基本動作。在腳跟貼地的情況下，腳底板如擦地般一步一步移動（滑步前進）。腰部位置固定不動，且必定是以單腳輪流前進。

固定的表現手法（狂言）
演技の型（狂言）

演出哭戲時，會採站姿並將單手移至面前；但若要表現大哭，則是會坐著讓兩手靠近臉部，並發出「ehe、ehe、ehe」（エヘ、エヘ、エヘ）的哭聲。所有情緒表現均有固定的詮釋方法，並以誇張的方式演出。

譯註6：橋掛的盡頭處掛有揚幕，鏡之間就在揚幕後方，是位於舞台與休息室中間的空間。鏡之間擺設有大鏡子，演出者可以在此戴上面具、整理裝扮，等候出場。
譯註7：鏡板上畫有老松，除了是舞台布景外，也是最能象徵能劇舞台的元素。
譯註8：後座鋪有與主要舞台垂直的檜木板，負責演奏樂器的「囃子方」就坐在此處。
譯註9：能劇舞台在古時候搭建於室外，當時舞台外圍鋪設有稱為「白洲」的白色小石頭。而能劇舞台在轉移至室內後雖然不鋪石頭，但白洲的空間與名稱依舊保留了下來。

面具與戲服（能劇）

女性面具 女面(小面)

冤鬼面具 怨靈面(般若)

面具

鬼神面具 鬼神面(大飛出)

翁面具 翁面

戲服

面具基本上大致可分為翁（老翁）、男、女、尉[10]、鬼神、冤鬼等，合計超過200種。這些面具乍看之下沒有太多表情，但只要稍微仰臉，便能顯露出開朗的神情，低下臉來便會顯露出悲傷或是堅定的表情，可詮釋出相當多元的情緒。在能劇中不可或缺的是極盡奢華的戲服，而扇子也是不可或缺的道具。

譯註10：「尉」也是老翁面具，跟「翁」的區別在於翁面具僅用於新年等重要日子。

演員（能劇）

能劇的登場人物有仕手（主角）和脇（與主角演對手戲的角色）、連（跟在仕手與脇的身旁的配角），囃子方與地謠也會坐在舞台上。每個角色都採取嚴格的分工制度，眾多流派是以世襲方式世代相傳。

仕手方 シテ方	包含仕手（主角）、仕手連（仕手身旁的配角）、地謠（負責歌曲與台詞）、後見（輔助角色）。分為觀世、寶生、金春、金剛、喜多這五個流派。
脇方 ワキ方	包含脇（與仕手演對手戲的角色）、脇連（脇身旁的配角）等。脇方多半最先登台，負責說明劇情，且不配戴面具。有高安、福王、（下掛）寶生這三個流派。
囃子方 囃子方	負責演奏樂器的伴奏團。有笛子、小型綁鼓、大型綁鼓與太鼓這四種樂器。每種樂器各有流派，採分工制演出。
狂言方 狂言方	意指表演狂言的狂言師。用於稱呼在能劇劇碼中，演出串連上半場與下半場的「間狂言」的人。有大藏流與和泉流這兩個流派。

代表劇碼（能劇）

能劇的劇碼可分類為俗稱「神、男、女、狂、鬼」這五種，上演時便依照前述順序演出。在現代幾乎見不到會將五種劇碼全部上演的能劇，不過演出的順序依舊比照過往。

《井筒》 井筒

這齣劇碼描繪了紀有常的女兒與在原業平從小到大的成長歷程，以及日後兩人結為夫婦的愛情故事，是世阿彌將《伊勢物語》加以潤飾後所創作的劇本。

《高砂》 高砂

描繪相識於高砂海邊的老夫婦敘述「相生松」的由來，以及兩人珍惜夫婦間難能可貴的鶼鰈情深，住吉明神會在最後現身，並展現英姿煥發的舞蹈。為世阿彌之作。
仕手：鵜澤久（照片提供／國立能樂堂）

面具與戲服（狂言）

面具

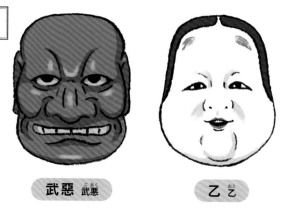

| 武惡 武惡（ぶあく） | 乙 乙（おと） |

狂言在演出時基本上不戴面具，不過有時也會戴上鬼神或動物的面具。「乙」是長得不太賞心悅目的女性面具。

戲服

美男 ビナン

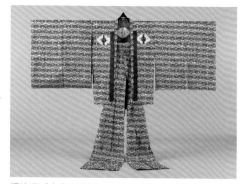

縹地源氏車青海波模　素襖上下（國立能樂堂收藏）

狂言中的戲服是由角色的身分與性質所決定，大名[11]穿的是素襖[12]，老爺穿的是有條紋的和服，擔任隨從的太郎冠者則是有格紋的和服。演員所穿的足袋（分趾鞋襪）則是黃底並帶有淺咖啡色直條的狂言足袋。女性角色會用長5公尺、寬度約30公分左右、名為「美男」的白布包住頭，並用兩手握住垂在臉部兩側的布條。

譯註11：大名這樣的身分位階在不同時代有著不同的意涵，在平安、鎌倉時代代表的是擁有大片土地的地主，在戰國時代則是指支配諸國的管轄者。到了江戶時代，大名的意義則轉化為在將軍直屬管轄下、領有一定薪俸的武士世家。
譯註12：武士階級所穿的一種日本傳統服飾。

演員（狂言）

狂言的登場人物分為擔任主角的「仕手」以及跟仕手演對手戲的「迎合」。狂言有別於能劇，不採分工制，一位狂言師既能擔任仕手也可擔任迎合。

代表劇碼（狂言）

主角為神明、且劇情吉利的狂言，會與主角同為神明的能劇搭配演出。出現於狂言中的角色有大名、太郎冠者（隨侍）、婿（女婿）、山伏（修行者）等，相當多元，不過最大的特色是多為狼狽的故事或失敗談。

《柿山伏》 柿山伏

描述偷吃柿子的山伏（修行者）被柿樹的主人發現，逼不得已只好模仿烏鴉和猴子叫的故事。演出時會爬上葛桶[13]以詮釋爬到了樹上，這是狂言中具代表性的表現手法。

《寝音曲》 寝音曲

故事描述太郎冠者（隨侍）應主人要求被迫高歌獻藝，但他說必須要酒後睡在別人大腿上才唱得出來。故事有趣之處就在他被叫醒與枕著大腿睡這一來一往之間，最後不小心在醒來後唱出聲來。歌唱的變化方式為本劇碼的一大看頭。仕手：善竹十郎，迎合：大藏吉次郎（照片提供／能樂協會）

譯註13：塗上黑漆的桶狀漆器。

說唱師、三味線演奏者以及人偶操縱師天衣無縫的演出
文樂

　　文樂是在說唱師（太夫）的台詞與旁白搭配三味線的演奏下，再加上人偶操縱師（人形遣い）操縱人偶演戲的人偶劇，即便放眼全球也是相當罕見的表演藝術形式。在西元1600年左右，三味線音樂與名為「淨瑠璃」的說唱表演藝術以及偶戲這三種藝術融合，「人偶淨瑠璃」（人形淨瑠璃）於是問世。

　　在江戶時代前期，劇作家近松門左衛門與淨瑠璃說唱師竹本義太夫這一對拍檔風靡一時，之後，義太夫節[14]便成為「淨瑠璃」的代名詞。

　　而在人偶操縱師的編制從一人進展至三人後，人偶就變得栩栩如生，博得大眾歡迎，在當時甚至有凌駕歌舞伎的氣勢。而名劇也接二連三誕生，就連歌舞伎也開始上演文樂的劇碼。

　　文樂的特徵是不採世襲制，這一點在古典表演藝術中相當罕見。在說唱師、三味線演奏者以及人偶操縱師這三種職業的世界中，唯一看重的就是在長期學藝下所建立的實力。

歷史

將偶戲搭配歌曲演出的表演團體與傀儡師在各地巡迴表演，就連宮廷中也曾舉辦過演出。

另一方面，琵琶法師[15]所說唱的故事《淨瑠璃姬》大受歡迎。

傀儡師操弄著貓咪的布偶討小孩子們歡心。「西宮傀儡師（局部）」（擷取自《攝津名所圖會》 國立國會圖書館館藏）

琵琶法師將此時傳入的三味線加以改良，並用於伴奏。這種說唱表演加入人偶後便演化為人偶淨瑠璃。

(人偶) + (說唱) + (三味線)

人偶淨瑠璃大受歡迎。一開始人偶淨瑠璃在江戶的人氣更勝於京都、大阪，但因江戶遭逢明曆大火（1657年）的影響，後來主要據點多轉移至京都、大阪。

貞享元年（1684年），一位名為五郎兵衛的年輕人，以「竹本義太夫」的名義在大阪的道頓堀開設了竹本劇場。

奠定人偶淨瑠璃說唱風格的竹本義太夫，與創作出眾多傑作的天才劇作家近松門左衛門聯手搭檔➡人偶淨瑠璃的黃金期

第三代植村文樂軒所開設的「文樂劇場」在幕末到明治時期廣受歡迎，此後「文樂」便成為人偶淨瑠璃的通稱。

江戶元祿期的職業與工匠圖鑑「淨瑠璃太夫（局部）」（擷取自《人倫訓蒙圖彙》 國立國會圖書館館藏）

譯註14：為淨瑠璃的流派之一，是將故事情節或台詞在三味線的演奏下，配上曲調後進行說唱的一種表演，由竹本義太夫這號人物開啟先河。
譯註15：用於指稱當時在街頭演奏琵琶賣藝的盲眼僧侶。

文樂三要素

文樂是由負責敘述淨瑠璃的説唱師、為其伴奏的三味線演奏者，以及配合淨瑠璃的人偶操縱師三者間天衣無縫演出的綜合藝術。文樂的演出就在這三者的你來我往間成立。

人偶操縱師
にんぎょうづか
人形遣い

主遣 おもづか 主遣い
（主要操縱者）

三位人偶操縱師中的主導者。主遣用左手操縱人偶的脖子，右手操縱人偶的右手，腳下會踩著高木屐。

足遣 あしづか 足遣い
（第二助手）

使用兩手操縱，讓人偶看似在走路或坐下，同時負責踏腳以製造腳步聲。

左遣 ひだりづか 左遣い
（第一助手）

負責操縱人偶的左手，同時也負責做人偶所持扇子或刀子等小道具的置取動作。

人偶頭（部分）

源太　　　　　陀羅助　　　　　文七

說唱師 太夫 <ruby>太夫<rt>たゆう</rt></ruby>

根據說唱的義太夫節內容不同，有時從全
體登場人物的台詞，到場景的說明，甚或
是故事背景，說唱師都必須一手包辦。圖
中書台上放置的是手寫的劇本。說唱師會
在臀部下方放置一個小台座，讓身體呈現踮
腳尖坐著的姿勢，這樣的坐姿可讓聲音響
徹整個劇場。

三味線演奏者 <ruby>三味線<rt>しゃみせん</rt></ruby>

三味線演奏不僅是單純的伴奏，而是要透過
音色或節拍來呈現場景的變換或是情緒，並
與說唱師的敘事內容合而為一，完成義太夫
節的曲調。相較於中桿以及細桿三味線，用
於文樂中的粗桿三味線，無論是琴身或琴撥
都來得較大且重，它的粗琴弦也可發出渾厚
的低音。根據上演的劇碼不同，有時也會演
奏日本箏或是胡弓。

娘　　　　八汐　　　　婆[16]

譯註16：娘、八汐、婆都是女性人偶頭的專有名稱，各自使用於不同的劇碼中。「娘」用於年輕
女性的角色上，「八汐」用於中年婦女，「婆」則是用於年老的女性角色上。

舞台裝置

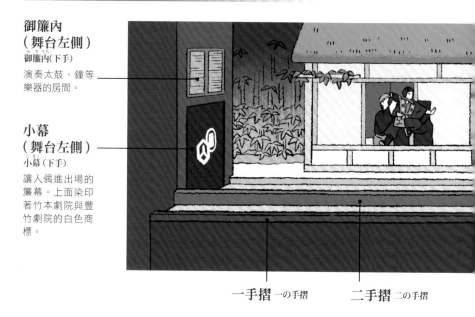

御簾內
（舞台左側）
御簾內(下手)

演奏太鼓、鐘等
樂器的房間。

小幕
（舞台左側）
小幕(下手)

讓人偶進出場的
簾幕。上面染印
著竹本劇院與豐
竹劇院的白色商
標。

一手摺 一の手摺　　　二手摺 二の手摺

文樂舞台的特徵是從正面望去，右側會有一個向觀眾席延伸出去的平台。
舞台開幕後這個平台會旋轉，讓說唱師與三味線演奏者登場。人偶則是會
從左右兩邊的小幕進出場。人偶操縱師就站在挖低的地板（船底）上操縱
人偶（參照下圖）。此外，國立文樂劇場（位於大阪府）除了設有旋轉舞
台和升降台外，甚至還設置了花道。

剖面圖

一手摺
二手摺（地面）
本手摺（地板、榻榻米）
人偶腳踩的位置
船底

位於舞台最前方的一手摺[17]是區隔觀眾席
與舞台的界線，其後方有個二手摺，人偶
的腳剛好會落在這個手摺上，而這一區的
地板會挖得比較低。二手摺後方的地板因
為比較高的關係，所以身處這一區看起來
會像是站在室內的榻榻米或是地板上。

譯註17：手摺是一塊木製隔板，主要用來遮掩人偶操縱師的下半身，並且在視覺上構成人偶腳踏
的地面。

小幕（舞台右側）小幕(上手)

讓人偶進出場的簾幕。

御簾內（舞台右側）御簾內(上手)

説唱師與三味線演奏者的小房間。在表演開場等説唱及演奏聲較輕的部分時使用。

床舞台床

位於舞台右側、往觀眾席斜向延伸出去的平台，説唱師和三味線演奏者就坐在上方。

文樂廻文楽廻し

能讓説唱師、三味線演奏者及其後方的隔板同時旋轉的機關，可在瞬間讓下一組人馬接手，為手動式旋轉機關。

本手摺本手摺

代表劇碼

《曾根崎心中》 曾根崎心中	在天滿屋工作的風塵女子阿初，與醬油店員工德兵衛於曾根崎天神森林殉情，一個月後，近松門左衛門將此事件潤飾後改編，推出後大受歡迎，讓竹本劇場的經營起死回生。
《妹背山婦女庭訓》 妹背山婦女庭訓	以藤原鎌足討伐蘇我入鹿的事件為主軸，為一情節錯綜複雜的浩瀚王朝故事。當中以描繪兩個對立家族子女之間的「妹山背山」悲戀橋段特別著名。
《冥途飛腳》 冥途の飛腳	本劇以風塵女子梅川與配送店的養子忠兵衛之間所發生的真實事件改編，是出自近松門左衛門之手的寫實悲劇。日後更出現《傾城戀飛腳》等改編作品。
《心中天網島》 心中天網島	近松門左衛門根據紙店的治兵衛與風塵女子小春的殉情故事改編而成的劇碼。故事描述了治兵衛與妻子阿燦還有小春三人各自所承擔的痛苦，阿燦的堅毅表現為本劇的看頭。

文樂的劇碼主要可分為「歷史劇」與「社會劇」，歷史劇為江戶時代以前的武將故事。若演出的事件發生於當代，則會變更時代背景，將其虛構化。社會劇則是將發生於江戶時代的社會事件潤飾而成的故事，近松門左衛門所著的《曾根崎心中》便奠定了社會劇的地位。

維持1200年前樣貌的音樂與舞蹈

雅樂

　　雅樂是以5〜9世紀自朝鮮半島與中國傳來的樂舞（音樂與舞蹈），以及日本自古以來的歌舞（歌謠與舞蹈）為基礎，經平安時代的貴族之手集大成後誕生。雅樂大致上可分為「舞樂」、「管弦」、日本傳統的「國風歌舞」，以及誕生於平安時代的聲樂曲「歌物」這四種。

　　「舞樂」指的是搭配樂器伴奏的舞蹈，可進一步分為中國系統的「左舞」（左方の舞）與朝鮮半島系統的「右舞」（右方の舞），這兩種系統無論是音樂、舞蹈方式或服裝都截然不同，形成強烈對比。而「管弦」則是只有樂器合奏，對於貴族而言，通曉樂器演奏與漢詩、和歌並列為不可或缺的教養，管弦也才因而誕生。而貴族們在傳入日本的樂器中僅挑選符合興趣的樂器來演奏，奠定了器樂曲的形式。

　　雅樂千百年來傳承了早已失落於中國與韓國的音樂，過去雖然一度式微，但如今已由宮內廳式部職[18]樂部繼承下去。

歷史

創作於安土桃山時代的《源氏物語圖色紙貼交屏風》。其中光源氏正在跳雅樂中的「青海波」舞蹈。（齋宮歷史博物館館藏）

〜古墳	彌生時代的遺址出土了許多琴類樂器，由此可推測日本自古以來便開始演奏琴類樂器，同時也進行歌舞。
飛鳥〜奈良	舞樂從5世紀左右開始相繼自朝鮮半島、渤海與唐代中國等地區傳入，與日本的傳統歌舞同在宮廷或寺廟中頻繁演奏。 大寶元年（701）設置了「雅樂寮」，以總數400人以上的人員配置傳承舞樂。
平安	雅樂的高峰期。舞樂二分為中國系統的左舞與朝鮮半島系統的右舞。樂器演奏成為貴族必備的教養，沒有伴舞的器樂演奏（亦即「管弦」）因而成立。 樂所[19]設立，平安時代後期以後，樂師身分開始世襲化。
安土桃山	京都在應仁之亂的影響下變得荒廢，雅樂也因此式微，但卻在南都（奈良）與天王寺（大阪）的樂所輔助下獲得重生。以共同演奏形式存在的「三方樂所」誕生。
江戶	三方樂所的部分樂師移居至江戶城內的紅葉山，以紅葉山樂師的身分享受幕府優渥的待遇。

譯註18：式部職為宮內廳中負責祭典、儀式、雅樂等的部門。
譯註19：宮廷中管理雅樂的專門部門。

類型

舞樂 舞楽	在器樂伴奏下演出的舞蹈，分為中國系統（左舞）與朝鮮半島系統（右舞）這兩種（詳細說明參閱右頁）。除了管弦舞樂這種特別的類型之外，基本上不使用弦樂器。
管弦 管絃	管弦是平安時期的貴族們單純為了享受音樂而催生出的器樂合奏曲，使用的樂器有管樂器、弦樂器與打擊樂器。曲目即便與舞樂相同，節拍的演奏方式也會不同。
國風歌舞 国風歌舞	以日本的傳統歌謠為主，在演奏樂器的同時也會進行舞蹈。曲目相當多元，包括於宮廷舉辦的神事與御神樂（於民間舉辦的神樂則稱為「里神樂」）、東遊以及由五位女性舞者所翩舞的五節舞等。
歌物 歌物	分為以日本各地民謠為基礎、進行編曲後使其呈現雅樂風格的「催馬樂」，以及為漢詩譜曲後所吟唱的「朗詠」；此兩者在平安時代的宮廷中都經常被吟唱。

樂器

管樂器有高麗笛、龍笛、神樂笛、篳篥以及笙；弦樂器則有琵琶、箏以及和琴；打擊樂器則有羯鼓、鉦鼓、太鼓、三鼓以及笏拍子。在舞樂中使用於左舞與右舞的樂器有所區別，並不相同。

管樂器 管楽器

弦樂器 絃楽器

笙
（照片提供／宮內廳式部職樂部）

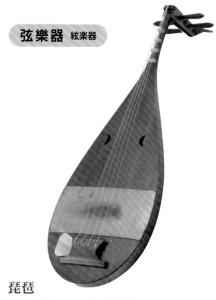

琵琶
（照片提供／宮內廳式部職樂部）

打擊樂器 打楽器

太鼓（釣太鼓）

（照片提供／宮內廳式部職樂部）

左舞・右舞

舞樂分為左舞與右舞兩種。左舞為中國系統的舞樂，從觀眾席方向來看是從左側登場；使用的音樂為唐樂，舞蹈配合的是樂曲旋律。「萬歲樂」（左圖）與「青海波」等為具代表性的曲目。右舞則是朝鮮半島系統的舞樂，從右側登場；使用的音樂是高麗樂，舞蹈配合的不是樂曲旋律，而是打擊樂器的節奏。曲目有「納曾利」（右圖）與「延喜樂」等。左舞的服裝以紅色系為主，右舞則是綠色系，觀賞時一目了然。

【左圖】左舞中具代表性的舞蹈「萬歲樂」，詮釋鳳凰起舞之姿，是相當吉利的舞蹈。
【右圖】「納曾利」，屬於右舞的舞蹈，詮釋了雌龍與雄龍嬉戲樣貌。
（照片提供／均為宮內廳式部職樂部）

零知識也能笑開懷的樂趣
落語

　　落語指的是結局有笑點的故事，說故事者（落語家）會透過肢體語言將故事以詼諧逗趣的方式呈現，並一人分飾多角。

　　戰國大名的聊天對象稱為「御伽眾」，其所講述的內容稱為「落噺」（おとしばなし），便是落語的起源。進入江戶時代後，京都、大阪、江戶誕生了三位相當活躍的職業落語家。上演落語的表演劇場「寄席」始於寬政時期（1789～1801）的江戶，數量在短短30年內增加至125間。落語雖然在天保改革的影響下重挫，但在幕末時期又獲得重生，東日本與西日本均大師輩出，廣受一般大眾歡迎。

　　落語的劇碼中可見故事性強、讓聽者為之動容的「人情落語」（人情噺），但最受歡迎的還是以逗趣結尾的「滑稽落語」（滑稽噺）。落語中所描繪的不管是糗事、得意洋洋的自誇自擂、狼狽的行為舉止，或是令人好氣又好笑的角色，在在都與現代人如出一轍，這樣的江戶人讓人無法討厭，也誘發眾人歡笑。

歷史

安土桃山

受戰國大名雇用為聊天對象者稱為「御伽眾」，當中的一人為安樂庵策傳，他將各種「落噺」集結為《醒睡笑》一書。

第五代將軍德川綱吉在位之際，有三位落語家分別活躍於京都（露之五郎兵衛）、大阪（初代米澤彥八）與江戶（鹿野武左衛門）。

鹿野武左衛門在劇場與大眾澡堂運用肢體語言將落語的故事表演得既好笑又活靈活現（座敷仕方咄[20]）→ 江戶落語的起源
然而，在那之後江戶落語的聲勢卻走向衰退。

到了18世紀，初代三笑亭可樂的出現將落語的發展方向帶向表演藝術。可樂在「三題噺」中將客人所提出的三個關鍵字整合在一個故事中，以此受到歡迎。此後，落語的題材走向多元化，戲劇落語（芝居噺）、音曲落語（音曲噺）、怪談落語（怪談噺）等接連問世。

江戶

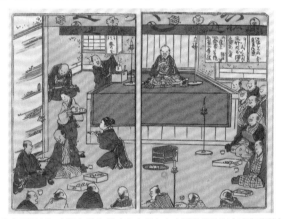

《春色三題噺》春廼家幾久編（東京都立中央圖書館特別文庫室收藏）

在天保12～14年（1841～1843）執行的天保改革中，風俗活動遭到取締，寄席的數量銳減至15間。

「三題噺」在幕末時期重生，河竹默阿彌、仮名垣魯文等人創作出嶄新的落語劇碼。

譯註20：「座敷」是指鋪有榻榻米的房間，「仕方咄」則是加入肢體語言的落語。

小道具

扇子

筷子

圖為吸食蕎麥麵的動作。
左手看似捧著一個大碗。

刀

將停留在手上的視線向上
移動，看起來便像握著一
把長刀的樣子。

酒杯

將扇子攤開後便成了大酒
杯，動作看似將斟滿的美
酒一口飲盡。

算盤

將半攤開的扇子放至膝上，再做出用右
手手指撥珠的樣子。

上方落語與江戶落語有何不同？

使用見台與膝隱是上方落語的風格。

上方落語較為浮誇熱鬧，甚至還會在
表演途中加入三味線或是太鼓等樂器
的效果聲響。此外，上方落語中還會
使用「見台[21]」與「膝隱[22]」。與只
使用扇子和手拭巾的江戶落語形成對
比的上方落語，還會在進行表演的過
程中用名為「小拍子」的小木拍敲打
見台。

譯註21：用於放書的小台桌。
譯註22：放置於「見台」前方的小隔板。

手拭巾

信

將手拭巾放在左手上，看似一張紙，再用右手持扇作為筆書寫。

錢包

將摺好的手拭巾自懷中取出置於膝上，再從手拭巾中將錢取出。

落語家的晉級制

真打 真打ち

↑

二目 ニツ目

↑

前座 前座

↑

前座見習 前座見習い

前座、二目、真打為江戶落語獨有的階級劃分。在前座的見習期間，必須每天到老師家邊打雜邊修習。在獲准出入後台休息室後，才算是取得了前座（在寄席的演出中打頭陣表演而得名）資格。在成為前座約莫四年後，才得以晉升位階第二高的二目。晉升為真打後多半可繼承響亮的名號，並獲得在演出中壓軸登場的資格。

壽司

　　壽司原為誕生於東南亞至中國一帶稻米產地的食物，是將生魚和米飯一同醃漬，經過數個月的發酵後所製成的魚肉防腐食品。這種防腐食品又稱作「熟壽司」（なれずし），像是源於琵琶湖周邊的鯽魚壽司等，至今依舊可見於日本各地。

　　到了室町時代，由於醋的生產量增加，使得發酵時間即便短暫也足以產生酸味，讓既是配菜也是下酒菜的熟壽司演化為配著飯一起吃的「魚飯壽司」（なまなれ）。之後，不進行發酵的「早壽司」（はやずし）問世，押壽司、箱壽司、棒壽司、捲壽司等也在元祿年間（1688～1704）誕生。

　　而江戶式的握壽司據說是華屋與兵衛在文政5年（1822）左右發明的。握壽司受到江戶人的熱烈歡迎，在19世紀中期左右，當時的人便開始品嘗玉子燒、明蝦、生鮪魚、斑鰶、星鰻等，流傳到現代。近年來壽司熱潮席捲全球，各地似乎也誕生出各式稀奇的壽司用料。

第

2

章

工藝

土與火催生出的「實用之美」
陶藝

　　日本最古老的土器據說是繩文時代（距今約1萬6500年）以前的出土物。雖然繩文時代與彌生時代只有土器，但日本人在向朝鮮半島與中國習得技術後，便開始生產須惠器（古墳～平安時代所製造的素燒土器，呈現青灰色且相當堅硬）與陶器。使用釉藥為陶器上色的技術也接著傳入日本，受到唐三彩影響的奈良三彩誕生於奈良時代。

　　進入鎌倉時代後，日本各地開始生產各式各樣的陶器。在茶湯文化盛行的安土桃山時代，扎根於日本獨特美學意識的茶陶[1]也就此誕生。豐臣秀吉在出兵朝鮮之際帶回了朝鮮的製陶工匠，促使日本的第一號瓷器在江戶時代問世。當時，純白基底上繪有鮮豔圖樣的瓷器自伊萬里港輸出，相當受到歐洲皇室貴族的喜愛。

　　現代由於成型與上彩的技術進步，因此市面上幾乎都是大量生產的產品。不過出自老練工匠之手的工藝品，卻依舊還是蘊含一股韻味獨到的魅力。

歷史

奈良三彩壺（九州國立博物館館藏）
攝影／落合晴彥

繩文～彌生

在青森縣大平山元遺址所出土的土器，推測極有可能是1萬6500年前的文物。繩文時代的土器形狀特殊，進入彌生時代後，發展為比例均衡且較薄的彌生式土器。

古墳～飛鳥

須惠器自朝鮮半島傳入日本。須惠器使用轆轤成形，由於是用比製作土器更高溫的窯燒製而成，因此相當耐用。

奈良

在素燒陶器的表面上釉藥的技術傳入日本。釉藥燒成後會變成玻璃層，空氣與水都難以穿透，可增加強度。最初所生產的是綠釉陶器，但到了8世紀受到唐三彩的影響，奈良三彩也因此誕生。

平安～鎌倉

猿投窯（位於愛知縣）生產出原料為草木灰燼的釉藥所製成的灰釉陶器。截至鎌倉時代為止，日本各地的陶器生產邁入興盛期。

室町

在日本各地的窯當中，現今被稱作是六古窯的瀨戶、常滑（愛知縣）、備前（岡山縣）、丹波（兵庫縣）、越前（福井縣）、信樂（滋賀縣）這六個窯開始嶄露頭角。

安土桃山

茶湯文化自室町時代晚期開始流行，扎根於日本獨特美學意識的茶陶也開始生產。愛好茶湯的戰國大名們開始在各自的領國內推廣陶器生產。黃瀨戶、瀨戶黑、志野、唐津等，樣貌與顏色各異其趣的茶陶就此誕生。其中，古田織部下令生產的織部燒，其歪斜的外型與呈現深綠的釉色顛覆了常規，新穎的風格為織部燒打響名號。

古田織部（重然）

譯註1：茶道用語，意指用於茶湯的陶器。

豐臣秀吉出兵朝鮮之際，大名們將一位朝鮮籍的陶工李參平帶回日本，並於有田（佐賀縣）成功生產出日本的第一個瓷器（1616年）。此時由於中國禁止陶瓷器出口，使得日本彩繪瓷器在歐洲的人氣水漲船高，於是開始通過伊萬里港大量輸出。

江戶

伊萬里色繪花卉紋輪花缽（柿右衛門樣式）（廣島縣立美術館館藏）

進入18世紀後，瓷器的製造技術於各地傳開，京都、瀨戶、九谷、砥部等地也開始生產瓷器。到了幕末時期瓷器開始大量生產，平民百姓也因而有機會取得陶瓷器。

製作工序

❶ 練土

❷ 成型、加工

❸ 乾燥

❹ 素燒
（※繪製釉下彩）

❺ 上釉藥

❻ 燒成
（※繪製釉上彩，燒成）

↓

 完成

主要產地

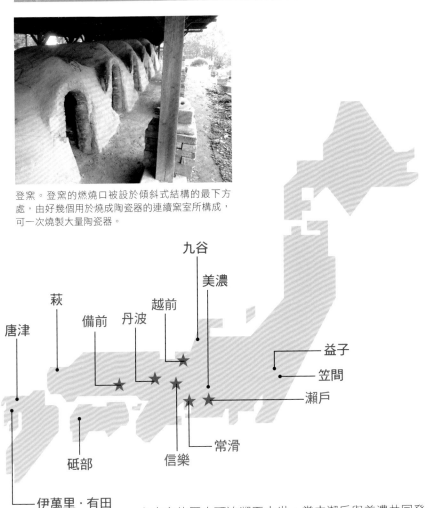

登窯。登窯的燃燒口被設於傾斜式結構的最下方處，由好幾個用於燒成陶瓷器的連續窯室所構成，可一次燒製大量陶瓷器。

九谷

美濃

萩

越前

備前　丹波

唐津

益子

笠間

瀨戶

砥部

信樂

常滑

伊萬里·有田

六古窯的歷史可追溯至中世，當中瀨戶與美濃共同發展為日本最大的生產地。常滑與備前、越前、丹波、信樂等地至今也依舊持續生產不上釉藥的燒締[2]陶器以及自然釉的陶器。萩與唐津等地的窯，與瓷器的發祥地有田一樣是由朝鮮籍陶工所開創，日本各地存在著許多極富特色的窯。

譯註2：意指高溫柴燒。

攎獲歐洲人心的「光澤」
漆藝

　　漆樹的分布範圍廣泛，從日本到中國、東南亞、印度均有種植。漆樹的樹液可形成相當薄的皮膜，自古以來便被當作塗料使用。日本也曾於繩文時代的遺址中發現上過漆的土器與木製品。

　　截至奈良時代為止，許多漆藝的技法自中國傳入日本，因而也催生出像法隆寺的玉蟲廚子[3]那樣的工藝品。漆藝直到平安時代才開始用於建築物裝飾，進入鎌倉時代，漆器開始普及大眾。

　　施有螺鈿與蒔繪等技法的漆器在安土桃山時代開始輸出海外，在西方國家廣受歡迎，甚至可見非日本製的仿冒品流通，足見人氣之高。到了江戶時代，本阿彌光悅與尾形光琳更創造出獨樹一格的作品。

　　漆不僅可作為黏著劑使用，更有優異的耐酸、耐鹼性，也因此除了觀賞價值外，它使器物更加耐用的實用性也不容小覷。

製作工序 （以「輪島塗⁴」為例）

漆器的製作流程大致上可分為製作木胎、塗底漆、塗漆、加飾這四道工序，而過程中還會加入乾燥與研磨等作業，因此前後需要高達30～50道的工序。

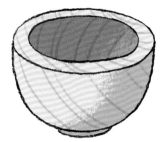

製作木胎 木地作り

將圓筒狀的木頭架於木工轆轤上，將其削磨成稍大於最後成品的碗狀（粗磨）。將乾燥數個月後的木胎架在轆轤上，再以刨刀削刮整型（粗磨木底）。

塗底漆 下地作り

為木碗整體塗上生漆，強化木底（固木底）。接著將麻布或棉布貼附至容易損傷的碗口與碗底進行補強（貼布），並將生漆與底漆材料混合後反覆塗抹（上底）。

塗漆 塗り

為木碗塗上精製後的漆（中塗）後，放入濕度控制在70～80％之間的密閉房間中進行乾燥。接著再塗上純度比中塗更高的漆（上塗）後，再次放入密閉房間乾燥。

 →

加飾 加飾

加飾意指在漆器上施以蒔繪、沉金、螺鈿等各式各樣技法加以裝飾（詳細說明請參閱下一頁）。每一種加飾技法均能發揮漆的特色，為漆的光澤錦上添花。

譯註3：「廚子」是安置佛像或收納經卷的小櫃子，法隆寺的玉蟲廚子因為裝飾有吉丁蟲（玉蟲）的翅膀，因而得名。
譯註4：石川縣輪島市周邊所生產的漆器。

代表技法

蒔繪 蒔絵 _{まきえ}

在用漆描繪完圖案或花紋後，在尚未乾燥前撒上金粉或銀粉，使之附著於漆上的技法。乾燥後，在花紋上方再上一層漆，研磨後即完成。

平文 平文 _{ひょうもん}

將金製或銀製的薄片切割為圖樣的形狀並黏貼至木器後，再上漆研磨的技法。比平文更厚的金屬片稱為「金貝」，在室町時代以後廣泛用於蒔繪上。

螺鈿 螺鈿 _{らでん}

利用貝殼內側的珍珠層來製作圖樣的技法。方法分為兩種，一是將薄珍珠層切割得又細又小後黏貼至木器上，一是將厚珍珠層鑲嵌至木器上刻有圖樣的凹槽中。

沉金 沈金 _{ちんきん}

這種技法是利用名為沉金刀的工具來雕刻圖樣，再將漆填入凹槽，最後用金箔或金粉加以填補。若使用的是銀箔或銀粉，則稱為「沉銀」。

雕漆 彫漆 _{ちょうしつ}

反覆塗抹色漆堆疊出厚度後，再於其上雕刻使圖樣浮現的技法。若使用的漆是紅漆便稱為「堆朱」，使用黑漆稱為「堆黑」，使用黃漆則稱為「堆黃」。

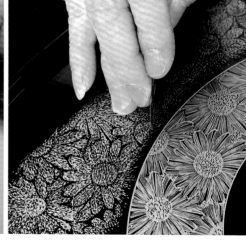

【左圖】蒔繪的製作情景（照片提供／田谷漆器店）
【右圖】沉金的製作情景（照片提供／秋田縣湯澤市・川連漆器傳統工藝館）

黑漆五枚胴具足
（仙台市博物館館藏）

龜甲地螺鈿鞍
（九州國立博物館館藏　攝影／藤森武）

蓮唐草蒔繪經箱
（奈良國立博物館館藏　攝影／佐佐木香輔）

日本傳統服飾與和服的美之泉源
染織

　　繩文時代結束之際，日本人已經開始織布、染布並將其作為衣物使用。日本的染織是以中國與朝鮮半島所傳入的先進技術為基礎所發展而來。進入平安時代後，出現了穿上層層衣物、以組合各種顏色為樂的十二單[5]文化。

　　從室町時代開始至安土桃山時代期間，日本人透過與明代中國以及西班牙、葡萄牙人進行貿易，使得絲製品以及印花棉布、緹花條紋的織物分別傳入，其後日本也發展出自行生產的能力。圖樣華麗的友禪染則是誕生於江戶時代，當時京都的西陣生產的是奢華絲製品，另一方面，江戶則是流行「小紋」與「中形」（藍染浴衣）這種符合江戶人品味的型染[6]。

　　江戶時代日本各地也開始流行其他風格獨具的織物、染物，像是採用泥染且織法獨特的「大島紬」（鹿兒島縣），以及將塗有金銀箔或是漆的和紙作為紗線織入衣物的「佐賀錦」（佐賀縣）等。

歷史

吉野里遺址所出土的絲織品的殘骸，為彌生時代的古物，可辨識出「縫合處」。（照片提供／佐賀縣教育委員會）

彌生

以茜草與骨螺紫染色的絲線所製成的絲織品自吉野里遺址（佐賀縣）出土，可推測彌生時代已出現染織工藝。

《魏志・倭人傳》中也記載卑彌呼在西元243年所進貢的貢品中包含了染織品。

奈良

先進的染織技術自中國與朝鮮半島傳入日本。從高松塚古墓（參閱87頁）壁畫人物衣飾可窺見紡織與印染技術的提升。

平安

織物與染物的產量擴大，開始配合季節製造各式各樣的貴族服飾。印染技術有長足進展；採多層穿搭、且以組合各式顏色為樂的「十二單」問世。

鎌倉

進入武士時代後衣物趨向簡樸，特別是女官的服飾與一般百姓無異，穿的是小袖與裙褲這類簡單的服飾。

室町～安土桃山

在與明代中國進行貿易的過程中，金襴與織錦緞等豪華的絲織品傳入日本；而與西班牙以及葡萄牙人的交易，則是使印花棉布與緹花條紋的織物、呢絨、天鵝絨傳入，為日本的染織發展帶來相當大的刺激。辻花[7]這種花紋誕生於室町時代後期。此時也會在絞染後的衣物上繪圖，甚至是施以金銀或是刺繡。→江戶時期友禪染的起源

江戶

京都的西陣成為織錦緞、秀士布等高級絲織品的製造中心。友禪染誕生於元祿年間，可染出鮮豔的風景圖或是花鳥等圖樣，是一項劃時代的技法。小紋與中形等型染技術趨於發達，投江戶人品味所好的服飾也開始生產。日本各地的藩國也大力推廣生產染物與織物，孕育出延續至今的地方特產。

譯註5：是日本皇室女性傳統服飾中最正式的一種，自平安時代開始被作為貴族女性的朝服。
譯註6：藉由在鏤空圖案的型版上刮印顏料，讓染布印出圖案的一種技法。
譯註7：室町時代末期至江戶初期期間曇花一現的和服花紋，特色為細緻且優雅。

手繪友禪 <ruby>手描き友禅<rt>てがきゆうぜん</rt></ruby>

手繪友禪為宮崎友禪於元祿年間所發明，最大的特色是運用多種顏色染出華麗的圖樣。種類上可分為京友禪與加賀友禪等。
（照片提供／京都染織文化協會）

鹿子 <ruby>鹿の子<rt>かのこ</rt></ruby>

為絞染的一種，將布紮成小塊，再用線縫緊進行染色後，即可染出小小的白色圓點。京都鹿子以其華麗而聞名。
（照片提供／京都染織文化協會）

江戶小紋 <ruby>江戸小紋<rt>えどこもん</rt></ruby>

將細小的花紋以型染方式染至整片布上。以江戶時代以來的傳統技法為基礎，用單色染製的細小花紋被稱作是「江戶小紋」。

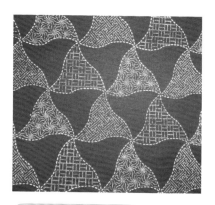

長板中形 <ruby>長板中形<rt>ながいたちゅうがた</rt></ruby>

所謂中形指的是型染的技法之一，同時也是浴衣布料的代名詞。運用江戶時代以來的傳統技法，並使用長型板子進行藍染的浴衣布料被稱作是「長板中形」。
（照片提供／三鄉市觀光協會）

織物

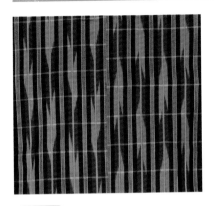

絣 _{かすり} 絣

「絣」是利用染色不均的織線，織出有褪色感覺的織品。日本各地均有生產絣，種類上有久留米絣、備後絣、伊代絣等。
（照片提供／京都染織文化協會）

紬 _{つむぎ} 紬

「紬」是用無法作為絲線的屑繭所製成的紬線編織而成的絲織品。質地樸實，在過去多用於平民百姓的日常衣物。有上田紬與結城紬等種類。
（照片提供／京都染織文化協會）

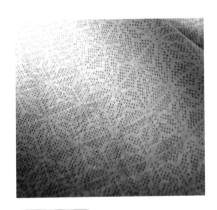

上布 _{じょうふ} 上布

上布是使用高級麻線所編織的麻織物，由於相當輕薄，因而用於製作夏天的衣物。種類上有越後上布與宮古上布、近江上布等。

西陣織 _{にしじんおり} 西陣織

西陣織是產於京都西陣的豪華絲織品的總稱。西陣所生產的絲織品種類繁多，包括綴織與金襴、秀士布、縐綢、織錦緞、羅織物、紗織物、絽織物等。

發揮強韌與伸縮特質的造型美
竹工藝

竹子分布於中國、韓國與東南亞，具有常綠且直挺的特徵，在日本是相當吉利的植物，自古以來便有栽種。

竹子雖硬卻相當具有彈性，因為空心所以輕巧，最大的特色是可以縱劈成細片（竹篾）。竹子不僅可在橫切後直接使用，還可用竹篾進行編織，製造出各式各樣的用品。

從竹篩與提籃等日用品到樂器、竹刀與建築材料，竹製品的用途不勝枚舉。在日常生活中如此廣泛使用竹子的國家，放眼全世界說不定只有日本。

竹製品的歷史悠久，起源可追溯至繩文時代。隨著時代遷移，侘茶在經千利休之手集大成後，茶湯世界中也出現了竹製茶具。

竹子的編織方法與時俱進，還催生出許多在現代即便是機器也無法製造的精巧作品。

歷史

繩文

以出土自青森縣是川遺址的籃胎漆器（將竹篾編織成籃狀後上漆）為首，日本各地的遺址均出土了繩文時代早期至晚期的籃胎漆器。

奈良～平安

名為「竹廚子」的國寶竹工藝誕生。所謂「廚子」指的是收納經卷的書櫃，是將帶有斑紋的細竹條緊密排列後，再用竹製的橫桿固定後製成。為法隆寺獻納寶物[8]之一。

以假名書寫、創作於平安時代的日本最古老的物語故事《竹取物語》。竹取翁推測應為竹工藝工匠。《竹取物語繪卷（上）》（國立國會圖書館館藏）

室町

別府（大分縣）開始發展竹織工藝品。最初據說是為了因應叫賣用提籃的購買需求而誕生，但到了江戶時代，卻成了前往別府溫泉進行療養的泡湯客所購買的日用品與伴手禮，相當受到喜愛。

古時候在江戶的京橋附近有為數眾多的竹子批發商。《名所江戶百景　京橋竹河岸》歌川廣重（國立國會圖書館館藏）

安土桃山

茶湯文化在戰國大名與貴族之間蔚為風潮，竹製品被用於茶具素材上，需求大增。特別是據說源起自千利休在戰場上所編織的竹花瓶，更是隨著利休所提倡的「侘茶」普及而人氣高漲。

江戶

駿河國（靜岡縣）所生產的精巧籠枕[9]廣受往返於東海道[10]、進行參勤交代[11]的大名們喜愛。

譯註8：法隆寺曾於1878年向日本皇室獻上300件左右的寺寶，這些寶物被稱作是法隆寺獻納寶物。
譯註9：通風的竹製枕頭。
譯註10：江戶時代所整備的一條主要幹道，也是大名們進行參勤交代時經常利用的一條道路。
譯註11：為日本江戶時代的制度，各藩大名必須前往江戶為幕府將軍執行政務一段期間，其後才能返回自己的領土執行政務。

竹篩 ざる

竹篩是將竹子縱切並削薄成竹篾後所編織的廚房用品,可用於擺放食材,或是在沖洗物品後用於瀝乾水滴。

捲簾 卷きす

捲簾是用線將細竹棒串連起來的日用品,可用在壽司製程中要將材料捲成棒狀之時。帶有竹子表皮的面為正面。

茶筅 茶筅

茶筅是用小刀將竹筒一半以上的部分切割成70～120根左右細長竹條的用具,用途為攪拌抹茶。

竹蜻蜓 竹とんぼ

竹蜻蜓是將竹子削薄成螺旋槳狀,再於中央處安裝上竹棒的玩具。將竹蜻蜓放在兩手中,像是要摩擦一樣旋轉握柄,便可讓它飛起來。

專欄　不可思議的竹子

竹子的特色是其驚人的生長速度,像剛竹就曾創下在一天內生長121公分的紀錄。

更特別的是開花方式,竹子的花會一口氣同時盛開,並且同時結果,之後再同時枯萎。

剛竹的開花週期為120年,最近一次是在1960至1970年代間一口氣同時開花,隨後即同時枯萎。

竹編方法

照片提供／東洋竹工

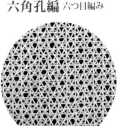

六角孔編 六つ目編み

四角孔編 四つ目編み

斜紋編 アジロ編み

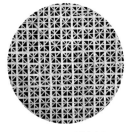

六角孔菊花編
花六つ目編み

子入四目綾編
子入り四ツ目綾編み

三角孔編法
麻の葉編み

竹織工藝品的產地

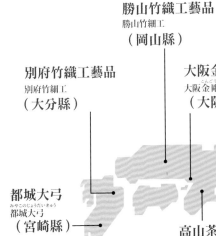

勝山竹織工藝品
勝山竹細工
（岡山縣）

別府竹織工藝品
別府竹細工
（大分縣）

大阪金剛竹簾
大阪金剛簾
（大阪府）

江戶和竿
江戶和竿
（東京都）

都城大弓
都城大弓
（宮崎縣）

高山茶筅
高山茶筌
（奈良縣）

駿河千條竹織工藝品
駿河竹千筋細工
（靜岡縣）

55

壽命長達1000年，兼具強韌與美
和紙

　　使用麻的纖維來製紙的技術發明於中國，並透過高句麗的僧侶曇徵在西元610年傳入日本。現保存於正倉院[12]的大寶2年（702）的戶籍簿，使用的據說便是日本最古老的國產紙。

　　進入奈良時代後，日本人開始使用工法比麻來得更簡單的構樹作為製造原料。在佛教普傳開來後，用於書寫經典的用紙需求量大增。進入平安時代後，則是透過搖晃紙篩來匯聚纖維，奠定了這種日本獨有的抄紙技術，而質地薄卻耐用、同時帶有動人光澤的和紙也就此誕生。到了江戶時代，日本各地開始生產各式各樣的加工紙製品，為百姓的生活增添不少情趣。

　　扇子和提燈之所以會誕生於日本，也是拜和紙耐摺疊之故。採取西方工法製成的洋紙壽命只有100年，但和紙的壽命卻可上看1000年。

譯註12：收藏有聖武天皇和光明皇后所使用過的各式各樣文物，位於奈良東大寺內。

原料

構樹 <ruby>楮<rt>こうぞ</rt></ruby>   **三椏** <ruby>三椏<rt>みつまた</rt></ruby>   **雁皮** <ruby>雁皮<rt>がんぴ</rt></ruby>

構樹自生於山間，相當易於栽種，由於其纖維極為強韌，打從奈良時代以來便生產了許多由構樹製成的紙。三椏是從中國傳入的植物，自江戶時代開始用於製紙，由於印刷效果良好，因此也被作為紙鈔的原料。雁皮雖不易栽種，且產量較少，但由於雁皮紙帶有動人的光澤，自古以來便是享有聲譽的高級紙。

和紙與洋紙的差異

	和紙	洋紙
特色	根據產地與原料不同，每張紙的觸感與外觀皆有出入	品質穩定，可大量生產
原料	構樹、三椏、雁皮	闊葉樹、針葉樹等
纖維長度	長（紙張雖薄卻相當強韌）	短
紙力增強劑	不使用	使用
表面	粗糙不平均	平滑
強韌度	強	強　（針葉樹）
印刷	不易印刷	易於印刷

※本表引用並改寫自TT貿易公司（TT トレーディング）官網表格「和紙與洋紙的主要差異」（和紙と洋紙の主な違い）的部分內容。

此外，和紙耐於存放，洋紙卻容易變色或變質（容易劣化）。不過，由於和紙是手工製造，因此不適合大量生產。就抄紙的生產速度而言，即便是老練的工匠，一天最多也只能生產200張左右的和紙。

和紙的製作過程（以美濃和紙為例）

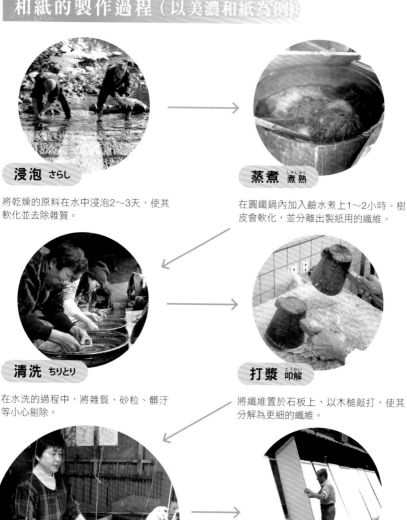

浸泡 さらし

將乾燥的原料在水中浸泡2～3天，使其軟化並去除雜質。

蒸煮 煮熟

在圓鐵鍋內加入鹼水煮上1～2小時。樹皮會軟化，並分離出製紙用的纖維。

清洗 ちりとり

在水洗的過程中，將雜質、砂粒、髒汙等小心剔除。

打漿 叩解

將纖維置於石板上，以木槌敲打，使其分解為更細的纖維。

抄紙 紙すき

混入自黃蜀葵的根部所提煉出的黏液，再搖晃紙篩以組合纖維。

乾燥 乾燥

將去除水分後的紙進行乾燥。

↓

完成

（照片提供／美濃和紙之里會館）

58

和紙的產地

越前和紙（福井縣）	據說源起自 1500 年前，在奈良時代是作為抄經用紙而生產。其中被用於書寫公文的「越前奉書」是著名的最高等級和紙。
土佐和紙（高知縣）	曾被記載於平安時代的《延喜式》[13] 中，在江戶時代，土佐七色紙更是進貢給幕府的貢品。明治時期成為日本最大的產地。
美濃和紙（岐阜縣）	正倉院中保存有製於西元 702 年的美濃和紙。此地以生產既薄且強韌、纖維縫隙小且均勻的紙拉門用紙著名。

日本各地尚有其他和紙產地，內山紙（長野縣）、越中和紙（富山縣）、因州和紙（鳥取縣）、石州和紙（島根縣）、阿波和紙（德島縣）、大洲和紙（愛媛縣）這九處產地的和紙被指定為日本的國家傳統工藝品。石州半紙與本美濃紙、細川紙（埼玉縣）由於僅使用構樹作為原料，繼承了傳統的和紙抄紙技術，因此在2014年入選為聯合國教科文組織的無形文化遺產。

用途

水引繩結[14] 水引

千代紙[15] 千代紙

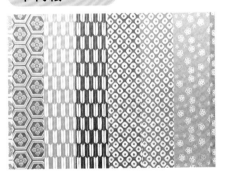

和紙既是用於書寫文字與繪圖的文具，也可用於包裝物品。此外還可用於隔扇與紙拉門、提燈與紙罩座燈、團扇與摺扇、衣物與器皿等，用途相當廣泛。

和傘 和傘

譯註13：平安時代中期由醍醐天皇所下令編纂的一套律令條文。
譯註14：婚喪喜慶的紅白包上作為裝飾的細繩結。依其顏色、構造不同，可使用的場合也不同。
譯註15：手工和紙的一種，印有彩色圖樣。

摺紙

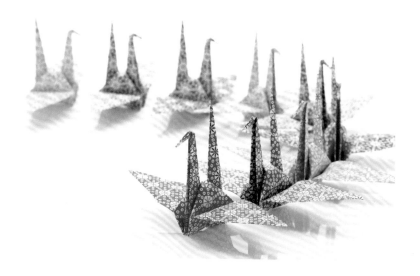

　　世界上有著各式各樣用紙所摺成的作品，而在這當中日本發展出了一套獨特的摺紙文化。

　　抄紙技術在西元610年的飛鳥時代傳入日本，約莫一百年後，以構樹等日本特有的原料所製成的和紙誕生。由於和紙雖薄但卻耐用，適於包裝禮品，因而發明出適用於茶或毛筆、硯台等物品的包裝方法；到了室町時代，甚至還出現了作為武士家庭禮法、且不外傳的「折形禮法」。

　　江戶時代和紙的產量增加，一般百姓也易於取得，摺紙開始成為一種娛樂。寬政9年（1797），全世界最古老的摺紙書籍出版，當中介紹了如何用一張紙摺出好幾隻串連在一起的紙鶴。

　　摺紙同時也是數學研究的主題，用於人造衛星太陽能板上的「三浦摺疊法」等也廣泛應用於工業產品上。

第 3 章

傳統才藝

徹底改變日本人美學意識的藝道
茶道

　　「茶湯」原為武士與僧侶、貴族們的奢侈娛樂，但注重精神層面的思想在室町時代誕生，而將茶湯集大成為「侘茶」的人物則是千利休。

　　在侘茶思想中，以一位簡樸草庵的主人身分招待來客，是最為理想的境界。從點茶的規矩到茶室與露地（茶庭）的空間規劃，利休以自身的美學意識為基礎將這一切系統化。

　　茶的思想也為陶藝、漆藝、竹工藝等帶來重大的影響。此外，作為茶會餐點的「一湯三菜」日後還發展為懷石料理，茶的思想可說是為日後的日本文化奠定了基礎。

　　「茶道」這個稱呼誕生於江戶時代中期。當時在平民百姓間，茶藝變成一項相當受歡迎的學藝項目，而感嘆茶湯文化的精神面向逐漸弱化的茶人，便將其稱作茶湯之道（即為「茶道」）。

歷史

平安

遠赴唐代中國的空海與最澄等僧侶將「茶」帶回日本，然而當時並未普及。

鎌倉

將臨濟宗傳入日本的榮西在宋代中國修習喫茶法，並將茶樹與其種子帶回日本。之後，榮西撰寫了日本第一部關於茶的專書《喫茶養生記》，他在書中整理了茶的種類與功效。喫茶的文化滲入武士與僧侶階層間。

南北朝

品茶並猜測其產地的「鬥茶」遊戲風行一時。

室町～安土桃山

在一休門下修習禪學的禪僧村田珠光，在茶的世界中提倡精神層面的重要性。「侘茶」思想由武野紹鷗繼承並進一步發展。師事紹鷗的千利休針對茶具，乃至於茶會的主持方式以及茶道禮法等進行整理，統整出茶湯體系，將侘茶帶向大成。

江戶

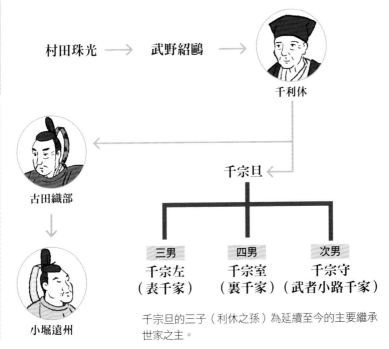

村田珠光 ⟶ 武野紹鷗 ⟶ 千利休

古田織部

小堀遠州

千宗旦

三男	四男	次男
千宗左	千宗室	千宗守
（表千家）	（裏千家）	（武者小路千家）

千宗旦的三子（利休之孫）為延續至今的主要繼承世家之主。

茶室

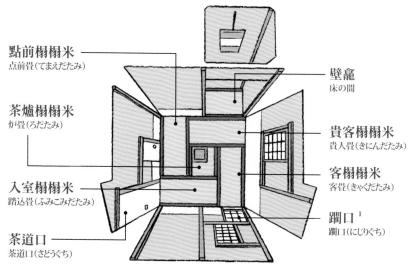

點前榻榻米
点前畳（てまえだたみ）

茶爐榻榻米
炉畳（ろだたみ）

入室榻榻米
踏込畳（ふみこみだたみ）

茶道口
茶道口（さどうぐち）

壁龕
床の間

貴客榻榻米
貴人畳（きにんだたみ）

客榻榻米
客畳（きゃくだたみ）

躙口 [1]
躙口（にじりぐち）

※上圖以隸屬裏千家資產的茶室「又隱」為基準所繪製。

在千利休所集大成的侘茶中，美的核心價值存在於彷彿隱士般低調且樸實無華的生活中，以質樸草庵的主人身分來款待客人是至高無上的理想。利休盡可能捨棄奢華，將茶室面積從四張半的榻榻米降至兩張，甚至是一張半，為後世留下體現自身理念的茶室。

又隱外觀（照片提供／裏千家　今日庵）

具備將客人引導至茶室功能的庭園（露地）也是出自利休的發想。露地中擺放了踏腳石、洗手用的石缽、石燈籠，醞釀出山村屋舍的韻味，日後也成為日本庭園的樣式之一。而露地中之所以禁止種植會開花的樹，為的是不要喧賓奪主、搶奪擺放在茶室壁龕上花朵的風采之故。

一期一會，這句話代表在參加茶會時，主客雙方抱持著參加畢生中絕無僅有的茶會的心情，彼此以至高無上的誠意互動的意思，充分體現了利休的思想。

譯註1：茶室特有的狹小出入口，為客人專用。

茶室「翠庵」（照片提供／HiSUi TOKYO）

在茶會上，主人為了展現款待客人的心意，會特意妝點茶室中的壁龕。他們會掛上符合茶會主題的掛軸，並在花瓶裡插上當季花朵，甚至會在裝香用的香合上也費一番功夫。

四規七則

為千利休所提倡的茶湯心法，是無論喝茶、點茶、待客或是接受款待時的基礎。

和敬清寂

和 相互交心，和樂共處

敬 相互敬重

清 保持內心高潔

寂 無論身處任何狀況都穩若泰山

點茶於易服……用心點茶以求美味
置炭如沸湯……切勿拘泥於形式，需洞悉本質
夏涼冬暖……重視季節感，天人合一
如花在野……將大自然之美與生命的可貴展現於一枝花中
時刻要即早……從容不迫，看重對方的時間
未雨綢繆……凡事預先準備，行事不疾不徐
心繫座上客……座上賓客之間相互尊重，共度愉悅時光

器具

爐 釜 _{かま}

煮水的器具，也是象徵茶會的特別器具。為鐵製，形狀與大小不一。

柄杓 柄杓 _{ひしゃく}

從爐裡或是水罐中汲水的器具。為竹製，夏用與冬用的柄杓形狀不同。

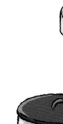

水罐 水指 _{みずさし}

用於補充茶湯，或是盛裝清洗茶碗或茶筅的水。

茶入 茶入 _{ちゃいれ}　棗 棗 _{なつめ}

為盛裝抹茶用的器具。用於盛裝濃茶的稱為茶入，為陶製或瓷製，其蓋子為象牙製。盛裝薄茶用的漆器則稱為棗（因形狀近似棗實而得名）。

茶杓 茶杓 _{ちゃしゃく}

挖取抹茶用的湯匙。多為竹製，但也有象牙、木頭，或是金屬製。

茶碗 茶碗 _{ちゃわん}

喝茶用的陶瓷器皿，顏色與形狀變化多端。喝過茶後，客人會欣賞茶碗整體的樣態與顏色。

茶筅 茶筅 _{ちゃせん}

點茶用的竹製器具。根據流派不同，竹子的種類、大小與形狀會有所不同。

茶會的座位圖

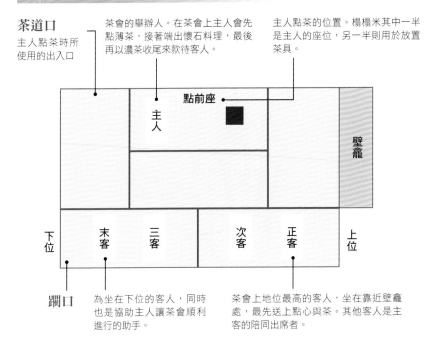

茶道口
主人點茶時所使用的出入口

茶會的舉辦人。在茶會上主人會先點薄茶，接著端出懷石料理，最後再以濃茶收尾來款待客人。

主人點茶的位置。榻榻米其中一半是主人的座位，另一半則用於放置茶具。

點前座

主人

壁龕

下位　末客　三客　次客　正客　上位

躝口

為坐在下位的客人，同時也是協助主人讓茶會順利進行的助手。

茶會上地位最高的客人，坐在靠近壁龕處，最先送上點心與茶。其他客人是主客的陪同出席者。

專欄 ## 喝茶的規矩

　　茶送上來之前是點心，吃下甜甜的點心後再喝茶，能更加凸顯茶的韻味。

　　茶被端上來時，須將兩手併攏向奉茶的人致意，接著以右手端起茶碗，左手捧托碗底，表現出恭敬的態度。將茶碗以順時針方向轉兩圈後飲用，飲畢用大拇指與食指擦拭一下茶碗的就口處，接著再以逆時針方向轉兩圈回去。

　　主人必須將茶碗的正面朝向客人。為了避免嘴部碰觸到重要的正面，在裏千家等流派的規矩中，會旋轉茶碗後飲用；然而另有些流派基於尊重主人將茶碗正面轉向客人的心意，因此並不會旋轉茶碗。

欣賞依據固定形式創作的插花
花道

　　自古以來日本人便認為草木是神明所憑附的對象。佛前獻花（供花）的習俗先是隨同佛教傳入日本，之後到了平安時代，貴族們會插花作為擺飾，並就其優劣互較高下。

　　日本的住宅形式在室町時代轉換為「書院造」，「壁龕[2]」（床の間）的出現催生出點綴待客間用的「立花[3]」（立て花），而池坊專慶則以擅於立花享譽一時。之後池坊[4]的名家輩出，專好（第二代）將「立花」這種插花形式帶向大成；另一方面，樸實且自由度高的「茶花」（置於茶席榻榻米上的插花）也繼而問世。

　　在江戶時代，承襲了茶花高自由度的「拋入花」蔚為流行，最終發展為形式簡單的「生花」，各家流派也相繼出現，成為廣受近代女性歡迎的學藝項目。

　　「花道」的名字隨著時代有不同稱呼，儘管形式或許不同，但愛花的心卻是不分古今的。

歷史

飛鳥～鎌倉

日本自古以來便將草木視為「憑依」（依代）。憑依指的是神靈可憑附之處，這一點也反映出日本人認為神明棲身於萬物當中的獨特思想。當佛教在6世紀自中國傳入日本後，日本人也養成了在佛前獻花的習慣（供花）。

神靈所降臨的植物「紅淡比」（榊）。另有一說是由於紅淡比供奉於神界與人世的交界處，所以是「交界之樹」[6]。

室町

「書院造」出現於室町時代，「壁龕」的誕生讓「花道」獲得了絕佳的發揮場所。

花從獻奉給神佛之物轉變為家中的擺飾。其後，花成為了待客間的點綴物，樣式開始奠定下來，「立花」這種插花形式因而確立。

京都的頂法寺（六角堂）池坊僧侶專慶所創作的插花引發關注，他運用嶄新的手法將「供佛用的花」轉化為「觀賞用的花」。
→「花道」的誕生

繼承專慶理論的專應奠定了「花道」思想，並為後世留下記載立花基本形態的口傳書。

譯註2：在書院造之前，日本主要的住宅樣式為「寢殿造」，兩者差異之一便是壁龕的有無。
譯註3：「立花」的意思是「將花直立起來」，為最傳統的日式插花花型。主枝有一定的規定，每條主枝均有其特定的名字，角度、長短和花材的選擇均有特別的規定。
譯註4：池坊源起於飛鳥時代所興建的京都六角堂，寺裡的僧侶每日於佛前供花，代代傳承。由於當時的僧侶都住在池畔的僧坊中，因而得名「池坊」。
譯註5：「交界之樹」的日文發音「さかいめのき・境目の木」近似「榊」的發音「サカキ」。

| 安土桃山 | 池坊專好（第一代）應眾多戰國大名之邀為其插花，因而打響名號。繼承了第一代衣缽的第二代專好同樣活躍於宮廷以及貴族、武士的宅邸中，並將「立花」集大成。在立花中，決定花形結構的枝條被規定為7枝。 |

池坊專好（第二代）

千利休將茶湯集大成，茶花誕生。

| 江戶 | 立花在江戶時代成為廣受老百姓歡迎的才藝。之後，隨著茶湯在老百姓間的人氣高漲，像茶花一樣可自由發揮的「拋入花」也流行開來。18世紀中期以後，由3根枝條所構成的不等邊三角形來表現「天地人」的「生花」形式確立，各式各樣的流派相繼問世。 |

生花成為眾多年輕女性學習才藝的選擇。

| 明治～ | 在西式住宅增加後，符合客廳而非壁龕風格的「盛花」（盛り花）形式誕生，花材也開始使用西方花卉。進入昭和時代後，前衛的花道蔚為流行。 |

流派

花道中有為數眾多的流派。根據流派不同，在用語上除了「天地人」這樣的稱呼以外，還有真副體、序破急、體用留、真副控等各式各樣的稱謂。

池坊（いけのぼう 池坊）	流派始祖為室町時代京都頂法寺（六角堂）池坊僧侶專慶。包含了將立花集大成的專好（第二代）在內，池坊的名家輩出，開創了花道的歷史。
未生流（みしょう 未生流）	未生流是未生齋一甫在江戶時代後期於大阪所創立的流派。其花道理論奠基於幾何學以及陰陽五行學說，以關西為據點，大受歡迎。
小原流（おはら 小原流）	從池坊中獨立門戶的小原雲心在明治時代發想出在小花缽中將花插得低低的「盛花」。由於小原流會使用西洋花卉，因而形成符合西式建築的風格。
草月流（そうげつ 草月流）	勅使河原蒼風於昭和2年（1927）創立的流派，不受形式拘泥、可發揮插花者個人特色的自由風格為其宗旨。

天地人三才

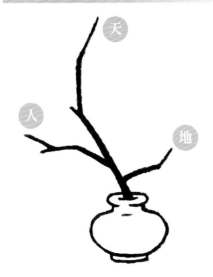

花道中以三根枝條為中心結構，此一概念的基礎源自於「天與地之間存在著人，和諧的宇宙因而成立」這種古代中國的思想。不過每根枝條的名稱會因流派而有所不同。

用具

花剪 花ばさみ

用於剪花或是枝葉的剪刀。跟一般的剪刀相較之下，花剪的握把會比刀刃要來得長。

花器 花器

插花用的器皿，花器的材質五花八門，但最重要的是能否與花材和諧搭配。

花留 花留

將花固定於花器中的用具。江戶時代還曾經生產過刻意外露的花留。劍山的出現則是始於明治時代末期。

兼具文學素養與藝術層次的遊戲
香道

　　「香道」如同字面上的意思，指的是鑑賞香味的技藝。在香道中，品味並分辨香味稱為「聞香」。所以香其實不是用「嗅」的，而是用「聞」的[6]。

　　在現代，香道中比較常見的是分辨數種不同香木的「組香」。組香是按照文學主題來進行組合，除了要猜中香的名稱外，還必須對該文學主題有一定程度的認識，有時甚至會被要求吟詩或詠歌，是難度相當高的一種遊戲。

　　從室町時代開始一直到江戶時代，日本人曾嘗試過為香木進行分類，當中的一種分類法是「六國」，也就是按照伽羅、羅國、真南蠻、真那伽、佐曾羅、寸門多羅等產地來為香木命名。此外，日本人也曾試著用辛、甘、酸、苦、鹹這「五味」來比喻香木。而也正是因為香木受到了一定程度的分類，香道才得以有更進一步的發展。

歷史

飛鳥　根據《日本書紀》的記載，淡路島的島民在西元595年燃燒岸邊的漂流木後，飄散出驚人的香味，島民們於是將這塊香木進奉給推古天皇。→有關香木最古老的記載

奈良　與佛教同時傳入的香木被當作清淨佛前的「供香」，用於宗教儀式上。渡海而來的鑑真和尚據説也引入多種香料與調香法。

平安　將粉末狀的香料混合搓揉，予以加熱後享受其香氣的「薰物」成為貴族的興趣，廣泛流傳。貴族們也熱衷於用香味較勁，會讓香味沾染至衣物上（薰衣香）或是焚香讓房間充滿香味（空薰物）。

鎌倉　武士階級抬頭後，香文化的重心便從優雅的薰物轉移至各種不同香木的香味上。

室町　婆娑羅大名佐佐木道譽[7]收集為數眾多的香木。就香的優劣來互較高下的「香合」（香合わせ）蔚為流行。室町幕府的第八代將軍足立義政日後接收了道譽的收藏品，並與三條西實隆（御家流始祖）等人更進一步發展香的文化。

最後在志野宗信（志野流始祖）的整合下，確立了「聞香」的形式。
→香道的成立

佐佐木道譽

三條西實隆

江戶　進入元祿時代後，除了武士與貴族外，香道文化也在財力雄厚的百姓間普及開來，「組香」蔚為風潮。

譯註6：一般在日文中寫作「聞く」的動詞意為「聽」；寫作「嗅ぐ」的動詞才是主動地「吸嗅」之意，而「聞香」的「聞く」則是指讓道自然地進入鼻腔再用心品味的狀態。

譯註7：婆娑羅是流行於中世日本的一個用語，用於形容重視光鮮亮麗的外表、行事不將他人放在眼裡的人。獲得此一稱號的佐佐木道譽在當時是一位行為舉止獨樹一格的武將。

聞香

焚香的基本方法如下所示。在香席上是由香元（主辦人）示範主持（稱為「手前」），然後從主客開始依序傳遞香爐。聞香次數固定為「三息」（3次），既不能多也不能少。

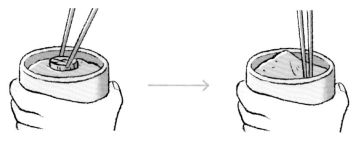

用瓦斯爐或是電爐將香炭團（圓柱狀的炭）充分加熱，香炭團熱透後將其埋入香爐中心。

轉動香爐的同時，用火筷將灰撥至香爐中央。

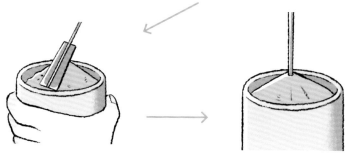

利用「灰押」這項工具輕輕按壓香灰，整塑出山形後，在灰上押出線痕。

將火筷垂直插入「山頂」，為深埋其中的炭團製造可散出熱氣的洞口（火窗）。

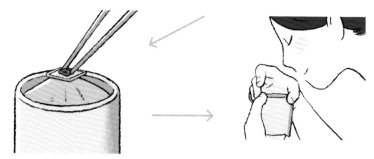

在火窗上放置銀葉（有金屬邊的薄雲母片），並在其上方放置切成小片的香木。

用手捧於香爐下方，另一手像是要搭成屋頂一樣覆於香爐上方。接著將臉靠近香爐，打開覆於香爐上方的手，同時「聞」香。

源氏香

為組香的一種，需事先準備各5包的5種香木，並在總計25包的香木中任選5包，依序焚香。聞香結束後，自右方開始依序劃直線，並在自己認為味道相同的兩條線的上方用橫線連接。總計有52種排列組合方式，而這些排列組合方式比照了《源氏物語》，採用除了起首的〈桐壺〉與最後的〈夢浮橋〉以外的52帖來為之命名。

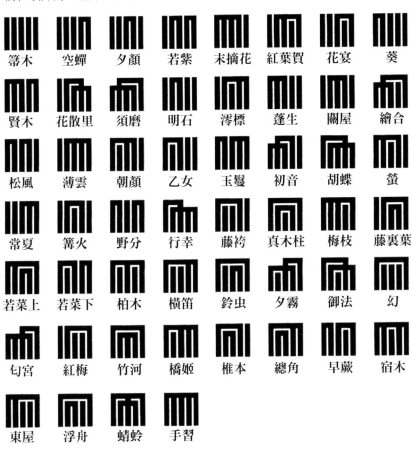

箒木	空蟬	夕顏	若紫	末摘花	紅葉賀	花宴	葵
賢木	花散里	須磨	明石	澪標	蓬生	關屋	繪合
松風	薄雲	朝顏	乙女	玉鬘	初音	胡蝶	螢
常夏	篝火	野分	行幸	藤袴	真木柱	梅枝	藤裏葉
若菜上	若菜下	柏木	橫笛	鈴虫	夕霧	御法	幻
匂宮	紅梅	竹河	橋姬	椎本	總角	早蕨	宿木
東屋	浮舟	蜻蛉	手習				

第五香 第四香 第三香 第二香 第一香

例：真木柱

左圖表示第一香與第五香味道相同，第二香與第四香相同，第三香則與其他香均不同。

75

廣受江戶庶民歡迎的學藝項目
日本傳統音樂

　　日本傳統音樂指的是近世所發展的日本箏、三味線、尺八等音樂，是相當受老百姓歡迎的學藝項目。

　　箏在奈良時代自中國傳入日本，在現代依舊是用於雅樂中的樂器。八橋檢校在江戶時代初期將箏加以改良，創作出適合日本歌曲的箏曲，掀起一股熱潮。

　　三味線則是源自中國的三弦，永祿年間（1558～1570）經由琉球傳入日本，並在琵琶法師針對其外型與演奏方式加以改良後，演變為今日的樣貌，使用於文樂與歌舞伎中。

　　至於尺八，若是將過去使用於雅樂的種類也算在內的話，則有許多類型，而傳承至現代的是普化尺八。在過去，普化尺八只有隸屬於普化宗的僧侶「虛無僧」被允許吹奏，不過實際上，當時也很常見到虛無僧指導一般民眾如何吹奏。

日本箏（琴）

日本箏這項弦樂器的木製箏體上有13根弦，立於箏體上的「琴柱」可決定音律與音階。因為「琴」是沒有琴柱的樂器，因此嚴格來說跟「箏」並不一樣，但由於琴很早便式微，所以從近世以後，箏也被稱作琴。日本箏的各部位是比照龍的身體來命名。龍頭置於右側，而演奏者會坐在右端彈奏。

古墳時代的埴輪[8]。這位身分高貴的男性所演奏的據推測為沒有琴柱的「琴」。圖為出土自藤原古墓的男子座椅像埴輪（橫須賀市自然・人文博物館館藏）

右手的大拇指、食指與中指會裝上撥子彈奏；左手按弦以調整音調或是加上裝飾音。

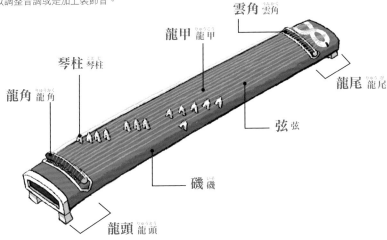

雲角 雲角

龍甲 龍甲

琴柱 琴柱

龍角 龍角

龍尾 龍尾

弦 弦

磯 磯

龍頭 龍頭

盲眼音樂家八橋檢校開發出符合日本歌曲的音調（平調子），並奠定了被稱作「俗箏」的箏曲。在江戶時代，俗箏作為學藝項目，在一般百姓間掀起熱潮，而生田流、山田流等流派也相繼誕生，延續至今。

八橋檢校

譯註8：為擺放於日本古墓頂部與墓丘周圍的素陶器的總稱。

三味線

三味線是由棹（琴桿）、胴（琴身）以及粗細不同的三根弦所構成的弦樂器。根據琴桿的粗細可分為粗桿、中桿與細桿。琴身所蒙的皮為貓皮或狗皮。演奏時會將琴身置於右膝上，再用持於右手的撥子彈奏。左手則是放在琴把上壓弦，調整音高。

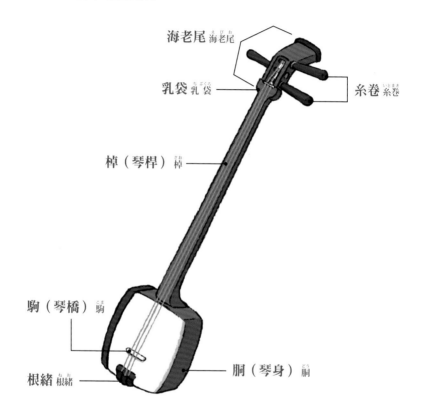

海老尾 えびお
海老尾

乳袋 ちぶくろ
乳袋

糸卷 いとまき
糸卷

棹（琴桿） さお
棹

駒（琴橋） こま
駒

根緒 ねお
根緒

胴（琴身） どう
胴

石村近江（第二代）之墓位於大信寺（東京都港區）。

石村近江是代代相傳、以製造三味線聞名的世家。初代出身京都，第二代則打著「江戶元祖淨本近江」的名號前往江戶發展。

石村近江共延續至第十一代，特別是前幾代所製作的三味線被稱為「古近江」，以其品質優良廣為人知。

尺八

尺八這項管樂器是因為其長度為一尺八寸（約55公分）而得名。砍下剛竹根部後，將內側挖空並磨至光滑即完成製作。尺八可從中繼處分解成兩半，吹口處鑲有牛角，對初學者來說是不容易吹出聲的樂器。

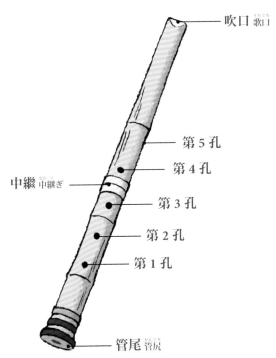

吹口 歌口

第5孔

第4孔

中繼 中継ぎ

第3孔

第2孔

第1孔

管尾 管尻

在不露臉的情況下吹奏尺八的虛無僧

尺八在江戶時代是只有普化宗（禪宗的一派）的僧侶「虛無僧」才能吹奏的樂器。虛無僧能以「修行」的名義自由出入關所[9]，也毋須摘下斗笠露臉，除此之外還享有許多特權，因此也有傳言説虛無僧其實是幕府的偵探。

譯註9：設於道路要衝或國境的檢查哨，用於盤查通行人與物品，目的為維持治安。

苗壯於日本的兩項棋盤遊戲
圍棋・將棋

　　圍棋與將棋在傳入日本後發展出獨特的用具與規則。在江戶時代無論是圍棋或將棋，名人[10]均受雇於幕府，在一般百姓間也廣受歡迎。

　　圍棋是兩位對弈者在棋盤這片廣大的土地上鞏固自身陣地的遊戲。雙方拿下彼此陣地，並在最終大勢已定之際，以地盤的大小來分出高下。圍棋的起源不詳，在中國則是出現於紀元以前。

　　將棋是一種模擬軍事演習的遊戲。誕生於古印度的象棋傳至西方後成為西洋棋；傳入東方，在中國被稱作象棋，在泰國則成為泰國象棋，而在日本則是成了將棋。將棋中有8種棋，率先吃下對方「王（玉）將」的一方即獲勝。而可以重新使用己方所吃下的棋子的「打入」則是日本特有的規則。

譯註10：在江戶時代，圍棋與將棋的段位制度中，取得最高段位九段頭銜者被稱為「名人」。

歷史

圍棋 囲碁

圍棋的起源不詳，但在7世紀初的《隋書》中曾記載「倭人好棋博」。正倉院的收藏品中也有棋盤與棋子。

平安時代，圍棋在貴族間不分男女廣受歡迎。紫式部和清少納言應該也是箇中翹楚。

進入鎌倉時代後，圍棋深入武士與僧侶階級。曾為日蓮宗僧侶的本因坊算砂在安土桃山時代以圍棋好手身分馳名，並侍奉於織田信長、豐臣秀吉與德川家康三人手下。秀吉賜予棋士官銜，家康則是任命他為「名人碁所[11]」（圍棋界的總領導人）。

慶長17年（1612），幕府雇用了八位圍棋手與將棋手。→職業棋士與家元制度[12]的誕生
之後出現在將軍御前對弈的「御城碁」，目標為奪下碁所大座的四個家元展開激烈對戰。當時優秀的棋手相繼嶄露頭角，圍棋也普及大眾。

本因坊算砂

將棋 将棋

被認定是將棋起源的古印度象棋。（照片提供／日本將棋聯盟）

將棋的起源為古印度象棋，誕生於5世紀左右的北印度，由於日本最古老的將棋棋駒為11世紀中期的古物，因此推斷是在11世紀前半傳入日本。到了16世紀中期，將棋的棋盤與棋駒差不多與現代無異。16世紀末期，京都的平民大橋宗桂曾在德川家康的宴席上指導將棋，也曾將「詰將棋[13]」進奉給後陽成天皇，因而聲名大噪。

慶長17年（1612），幕府雇用了八位將棋手[※]與圍棋手。→職業棋士與家元制度的誕生
之後出現在將軍御前對弈的「御城將棋」。名人身分為終身制，由三個家元協調後選出。

大橋宗桂

譯註11：碁所為江戶時代官職，為日本當代圍棋最高地位象徵。由於只有象徵最高棋力的名人可以擔任碁所，所以通常稱呼為名人碁所。
譯註12：意指傳承技藝的各宗派世家。
譯註13：類似中國象棋殘局的棋譜，透過練習詰將棋可學習如何快速將死對手。
※「將棋所」並非幕府的官銜，而是將棋界中三個家元的自稱。

圍棋用具

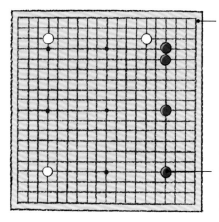

棋盤 碁盤

棋盤上畫有等距的縱橫線，對弈時將棋子下在線的交點上。一般使用的棋盤是分別畫有19條縱橫線（361個交點）的「19路盤」，主要以日本榧木、連香木、檜木製成，當中以宮崎縣產的榧木棋盤尤為珍貴。

棋子 碁石

使用黑白兩種圓棋。白棋與黑棋，分別以宮崎縣日向所出產的蛤碁石與三重縣熊野所出產的那智石為最高級。由於白棋在視覺上會比黑棋顯得大一些，所以實際上黑棋會做得比白棋稍大一點。

圍棋規則

圍棋分為黑棋與白棋，雙方每次可各下一顆棋，第一顆子由黑棋開始下。棋必須下在線與線的交點上，被己方的棋所包圍的範圍稱為陣地（地），並由陣地的大小定勝負。若是己方的棋被敵方所包圍（氣點被堵住），則由敵方拿下這些棋。對弈雙方就這樣你來我往，在進攻與防守的過程中擴大陣地勢力。

專欄　圍棋·將棋的頭銜賽

　　圍棋的頭銜賽共有七種，歷史最悠久的是始於昭和16年（1941）的本因坊頭銜賽，其他頭銜賽包括棋聖、名人、王座、天元、碁聖、十段。將棋的頭銜賽則有龍王、名人、王位、王座、棋王、王將、棋聖、叡王這八種。

　　在將棋界中，羽生善治於平成8年（1996）史無前例地獨佔七大頭銜。而20年後的平成28年（2016），圍棋界則是由井山裕太拿下全部七個頭銜。羽生和井山兩人分別年紀輕輕地在25歲與26歲便達成如此偉業。

將棋用具

將棋盤 将棋盤

雖然將棋和圍棋一樣，棋盤上畫有縱橫線，但將棋的棋駒是下在被線框住的格子中。基本將棋中所使用的是縱橫線各9條，合計81格的棋盤。棋盤的製材與圍棋相同，使用的是日本榧木、連香木、檜木等。

棋駒 駒

棋駒均為五角形，分為八種，正反面都印有字樣。山形縣天童市以生產棋駒聞名，日本國內約九成的棋駒都產自此地。製材以御藏島（伊豆諸島）所出產的黃楊木為最高級。

日本最古老的將棋棋駒，出土自奈良縣興福寺舊領地內。
（奈良縣立橿原考古學研究中心附屬博物館館藏）

將棋規則

對弈雙方每人每次各下一顆棋。棋駒分為8種，共20顆。「步」可往前方進一步，「角」則可往斜前方前進多步，每顆棋駒的移動方式不同。若是前進至對方棋駒的所在位置，便可吃下該顆棋。吃下的棋子被稱作「持駒」（持ち駒），可隨時用於想下的地方。也因為將棋的棋駒不分敵我顏色，所以可像這樣重複使用。

盆栽

　　盆栽受封為「盆中的小宇宙」。透過植樹將「大自然」重現於盆中的特點，與單單只是在盆中種植物，其實有著天壤之別。

　　盆栽的起源為始於唐代中國的「盆景」。盆景是在花盆內鋪上石塊與土壤後進行植栽，以此創造自然情景，於平安時代傳入日本，在當時被稱作是「盆山」，也曾出現於《春日權現靈驗記》等畫卷中。從鎌倉時代到戰國時代這段期間，盆山在武士階級間廣受歡迎。

　　盆栽在江戶時代普及於一般百姓，但熱潮更盛的則是明治時代。在當時無論是財政界的重鎮或知識分子，盆栽對於這些上流階級而言，是廣受歡迎的嗜好。

　　由於照顧盆栽既費時又費力，所以近年來被敬而遠之，淪為隱士的興趣，但從1990年代起卻突然在國外大受好評。盆栽的愛好者如今已遍及全球40個以上的國家。

第 **4** 章

藝術

運用多元技法所描繪的「日本之美」

日本畫

　　日本畫自古以來取經自中國與朝鮮半島文化，但在平安時代初期遣唐使遭到廢止後，有別於過往以中國繪畫為範本所創作的「唐繪」，描繪日本當地風情的「大和繪」就此誕生，繪卷這種日本獨有的創作也跟著出現。

　　進入鎌倉時代後，中國宋元時期的繪畫傳入日本，其中水墨畫被稱為「漢畫」，佔有一席之地。另一方面，描繪日本四季風情的大和繪由土佐派繼承，蓬勃發展。在那之後，結合水墨畫與大和繪技法的狩野派抬頭，運用大和繪技法創造出具強烈裝飾性畫風的琳派也繼而問世。

　　油畫技術在明治時代從西歐傳入日本，在「洋畫」一詞誕生後，運用傳統礦物顏料創作的作品便被稱作是「日本畫」。日本畫就在接受多元刺激的過程中，發展出一套獨特風格。

歷史

飛
鳥
～
奈
良

高松塚古墓中發現色彩鮮豔的壁畫。

佛畫伴隨著佛教一同傳入日本，法隆寺金堂壁畫等大量佛畫創作於此時。「鳥毛立女屏風」之類的風俗畫也繪製於此一時期。

《高松塚古墓壁畫（西壁女子群像）》
（照片提供／文化廳）

平
安

最澄與空海將密教引入日本，曼荼羅等密教畫蔚為流行，奠基於末法思想與淨土教的涅槃圖與來迎圖也廣受歡迎。

有別於描繪中國風土的唐繪，以日本風景與風俗為主題的大和繪誕生於此時。

《源氏物語繪卷》、《伴大納言繪詞》、《信貴山緣起繪卷》、《鳥獸戲畫》這四大繪卷誕生。

鎌
倉

中國宋元時期的繪畫傳入日本，隨同禪宗傳入的水墨畫便是其中之一。寫實的肖像畫與戰爭畫、描繪寺廟起源的畫卷，以及淨土教為了傳教目的所創作的地獄畫也被大量繪製。

室
町

如拙、周文與雪舟等擅長作畫的僧侶於此時代登場。水墨畫被大量繪製。

出身宮廷畫師，日後成為幕府御用畫師的土佐光信鞏固了土佐派的基礎。此後，土佐派所創作的作品被稱作大和繪。

將水墨畫技法應用至大和繪的狩野派抬頭。其中狩野永德以御用畫師身分經手安土城與大阪城中金碧輝煌的「金碧障壁畫」，截至江戶時代為止，為狩野派奠定史上最大規模畫派的基礎。狩野永德與活躍於同一時期的長谷川等伯之間的競爭關係也為人所津津樂道。

《上杉本 洛中洛外圖屏風（左隻4扇）〔局部〕》狩野永德（米澤市上杉博物館館藏）

本阿彌光悅於京都建立工藝村。與光悅志同道合的俵屋宗達樹立了獨特的個人風格，其《風神雷神圖屏風》等作品為後世的琳派帶來莫大影響。而在光悅在世的一百年後現身的是尾形光琳，光琳相當景仰光悅與宗達，奠定了以大膽構圖與華麗裝飾風格所聞名的琳派風格。相當尊崇光琳的酒井抱一及其弟子鈴木其一，也聞名於此時。

《燕子花圖》尾形光琳（根津美術館館藏）

江
戶

在中國南宗畫（文人畫）的影響下，南畫自江戶時代中期開始流行。
著名的畫家包含池大雅以及與謝蕪村。

當時也有許多畫家脫離所屬流派，投身於個人創作。在江戶時代初
期，最先以民間畫家而非御用畫家身分打響名號的人物是岩佐又兵
衛，他創造許多風俗畫，被譽為浮世繪先驅。擅長以鮮豔的色彩描繪
細緻動植物畫的伊藤若冲則於江戶時代中期登場。其他畫家包括以極
富異國風情畫風聞名的曾我蕭白，可說是名家輩出。

《海之幸》青木繁（石橋財團普利司通美術館館藏）

明
治

有別於被稱為「洋畫」的油畫，採用礦物顏料，並用毛筆繪於絲布或
和紙上的作品開始被稱作「日本畫」。

在洋畫的發展中，高橋由一與五姓田義松等人師事於英國人畫家威格
曼（Charles Wirgman），向他學習油畫技巧。東京美術學校在明治
20年（1887）創立，不少大名鼎鼎的畫家均畢業於此，包括青木繁
等人。

另一方面，在日本畫的世界中，狩野芳崖則是創造出融合西方繪畫技
術的嶄新日本畫。芳崖的盟友橋本雅邦的門下則是孕育出橫山大觀、
菱田春草等人。

譯註1：障壁畫指的是日式建築中紙拉門或屏風上的繪畫總稱。金碧則是作畫的形式，畫家會在
障屏畫貼上金箔，再以濃豔的礦物質顏料作畫。

點綴江戶庶民生活的流行媒介
浮世繪

　　以俗世風俗為主題所創作的浮世繪，對江戶時代的平民百姓而言是一項不可或缺的娛樂。在浮世繪出現以前，繪畫是為了貴族與武士而存在，相形之下，浮世繪的價格便宜，一般平民百姓也能輕鬆購買，這樣的藝術作品在當時即便放眼全世界，也是相當劃時代的存在。

　　浮世繪的前身是木版印刷繪本中的插畫，其後以單張版畫的形式獨立，並以手工木版印刷方式量產。明和2年（1765），彩色印刷技術被開發出來，浮世繪隨即廣受歡迎。

　　浮世繪的主題自然是以平民百姓的品味為取向。廣受普羅大眾歡迎的「役者繪[2]」與「美人畫」具備偶像明星照性質，而在江戶時代後期博得人氣的風景畫，則是承擔了觀光導覽手冊的功能。

　　浮世繪在十九世紀後半傳入歐洲，名為「Japonisme」的日本趣味主義時代也廣為人知。

歷史

初期

《低唱之後》菱川師宣　（慶應義塾收藏）

菱川師宣在寬文10年（1670）左右將繪本中的插畫以觀賞用目的獨立出來。當時是利用單色印刷大量生產，所以平民百姓也買得起。

→「浮世繪版畫」的誕生

師宣同時也擅長以畫筆直接作畫的「肉筆畫」，代表作為《回眸美人圖》。

延續至現代的鳥居派開山始祖——鳥居清信以役者繪博得人氣。

將墨色印刷的版畫一張張以畫筆上色的手繪技法誕生。

中期

明和2年（1765）鈴木春信在刷版師與雕版師的協助下，完成彩色印刷的浮世繪「錦繪」。春信以纖瘦且中性的優雅美人畫聞名，而他筆下所描繪的不光是煙花女子，還包括地方上出名的美女。此外，鳥居清長則是以獨特的八頭身美人畫風靡一時。

譯註2：歌舞伎演員肖像畫。

《鞠與男女》鈴木春信（千葉市美術館館藏）

喜多川歌麿在出版商蔦屋重三郎的支持下，將浮世繪帶向大成；他將使用於役者繪的「大首繪」（聚焦於上半身的畫法）技法應用在美人畫上，受到熱烈歡迎。歌麿擅於描繪細微的性格差異，為後世帶來莫大影響。

《第三代大谷鬼次之奴江戶兵衛》東洲齋寫樂
（千葉市美術館館藏）

《當時三美人》喜多川歌麿
（千葉市美術館館藏）

謎樣的繪師東洲齋寫樂在蔦屋重三郎的手下創作了約140幅的役者繪與少數的相撲畫，畫風強而有力又寫實，綻放出異彩，聞名全球。只不過他過於寫實的畫風並未受到當時民眾青睞。寫樂僅短暫活躍於寬政6年（1794）5月以後的十個月之間。

專欄 **能力出眾的製作人蔦屋重三郎**

　　蔦屋重三郎是江戶時代中期的出版人，一般通稱「蔦重」，狂歌名為「蔦唐丸」。他與戀川春町以及山東京傳、大田南畝等狂歌作者以及小說家私交甚篤，經常推出嶄新企劃，相當受到歡迎。此外，他讓喜多川歌麿寄宿於自家，並將歌麿栽培為獨當一面的繪師，這一點也為人津津樂道。他還有發掘出繪師東洲齋寫樂的事蹟，身為一位製作人，蔦屋的識人之明獲得相當高的評價。

【左圖】葛飾北齋（《北齋肖像》溪齋英泉　墨田北齋美術館協助），【右圖】歌川廣重（《肖像》野村文紹國立國會圖書館館藏）

葛飾北齋所繪製的風景畫構圖大膽，加上素描能力出眾，使得他對以梵谷為首的法國印象畫派產生莫大影響。北齋享壽90歲，他在逝世前留下了《富嶽三十六景》與《北齋漫畫》等為數眾多的作品。而他以畫筆直接繪製的畫作（肉筆畫）當中也可見不少傑作。

歌川廣重則是以運用洋畫技法所創造的嶄新風景畫廣受歡迎。他的代表作包括《東海道五十三次》與《名所江戶百景》等。

其他繪師則有近年來以武者繪與諷刺畫獲得世人重新評價的歌川國芳，浮世繪直到幕府末期為止，持續有長足發展。而浮世繪在明治時代曾進軍報界，但最終難逃式微的命運。

《富嶽三十六景　神奈川沖浪裏》
葛飾北齋（千葉市美術館館藏）

《名所江戶百景　淺草田甫西之町詣》
歌川廣重（國立國會圖書館館藏）

浮世繪的製作流程

出版社（版元）以總監身分對職人下達指示以完成作品。

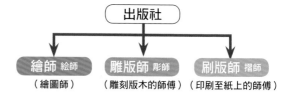

繪師　繪製原圖

接受出版社的委託，繪製原圖。此階段的作品尚為單一墨色，繪製內容是由出版社基於當時的流行或規範所決定，因此職人無法隨心所欲創作。

(出版社) 接受審核

若有違反善良風俗、批判體制等情形，將無法出版。在接到許可通知後，必須將證明已通過審核的「極印」（改印）置入畫中（此步驟不得省略）。

雕版師　雕刻主版

取得最終定稿的原畫後，將原畫反面貼至木版上，在只留下原畫線條的情況下，連同紙一併雕刻，製作墨版（主版）。

繪師　指定顏色

用墨版印刷數張黑白版畫（張數與要使用的顏色數量相同）。此一步驟稱為「比對印刷」。此時繪師會指定比對印刷的顏色（選色）。

雕版師　雕刻色版

依據繪師的「選色」雕刻各個顏色的「色版」。在雕刻頭髮之類的細線時講究的純熟技巧，是雕版師展現真功夫之處。

刷版師　依序印刷各層顏色

使用多塊版木進行印刷，完成浮世繪。調整色版、對準位置後，從墨色開始依序印刷。要將顏色印得均勻需要相當高超的技術。

分類

美人畫是浮世繪最重要的主題，當中
除了煙花女子之外，地方上的標緻女
性也在描繪對象之列，而描繪歌舞伎
演員的役者繪則是與美人畫並列為浮
世繪的兩大主題。在浮世繪的發展後
期，則是掀起了風景畫熱潮，除此之
外，還有武者繪[3]與相撲繪等投江戶
平民百姓所好的作品。

譯註3：以武士為主圖的浮世繪。

役者繪 役者絵

《第四代木場團十郎》歌川豐國（千葉市
美術館館藏）

美人畫 美人画

《今樣美人拾二景　兩國橋・心有所思》
溪齋英泉（千葉市美術館館藏）

名所繪 名所絵

《名勝八景　富士暮雪》二代歌川豐國
（國立國會圖書館館藏）

不單單是信仰對象的多元性為其魅力所在
佛像

　　佛像在古墳時代自朝鮮半島傳入日本後，憑藉著渡海而來的佛像雕刻師協助，在日本刻劃出獨自的發展歷程。

　　奈良時代建造了隸屬國家事業的大佛，平安時代則是開始大量雕刻以大日如來為首的密教佛像。佛像雕刻師定朝研發出寄木造[4]的技法後，實現了在短時間內建造大型佛像的可能性。到了鎌倉時代，運慶與快慶等人創作出既寫實又強而有力的佛像，將日本的佛像歷史帶向巔峰。

　　佛像的表情既有滿懷慈悲的微笑，也有憤怒的神情，可說是形形色色。除了表情外，還可透過形體姿態來辨別佛像，身著素樸袈裟的佛像是如來，身上伸出幾十隻手的則是千手觀音。此外像是手印（手與手指的姿勢）與持物（手上所持物品）等，只要累積越多關於佛像的知識，就越能加深觀賞時的樂趣，這一點也是佛像的魅力。

歷史

古墳	欽明天皇在位期間，佛像自朝鮮半島的百濟傳入日本。
飛鳥	開始製造金銅佛（鍍金的青銅製佛像）。渡海而來的工匠後裔鞍作止利活躍於此時期，其代表作為法隆寺的釋迦三尊像與飛鳥大佛（右上圖）等。法隆寺的救世觀音像與百濟觀音像等木造佛像也創作於此一時期。
奈良	東大寺盧舍那佛被作為國家事業的一環建造，為全世界最大的金銅佛。用黏土製作的塑像，以及使用漆液的脫活乾漆技法所製作的佛像也於此時問世。後者的代表作品為興福寺的阿修羅立像。
平安（前期・中期）	佛像主要部分以一整根木頭製作的「一木造」技法流行於此時。十一面觀音立像（右下圖）即為使用檀木製成的一木造佛像。 空海與最澄等人將密教引入日本，大日如來與不動明王等密教佛像開始被大量製作。東寺的不動明王像也製作於此一時期。

飛鳥大佛（照片提供／明日香村教育委員會　飛鳥寺收藏）

十一面觀音立像（奈良國立博物館館藏　攝影／佐佐木香輔）

譯註4：木雕造像技法之一，即製造佛像時，使用多根木材接合的方法。多用於製作大型佛像。

平安（後期）	佛像雕刻師定朝研發出寄木造技法，使得在不使用大型木頭的情況下也能製造佛像。也因為這種技法利於分工，所以縮短了製程，此後成為製造佛像的主流方法。平等院鳳凰堂的阿彌陀如來坐像（右上圖）即為定朝的代表作。

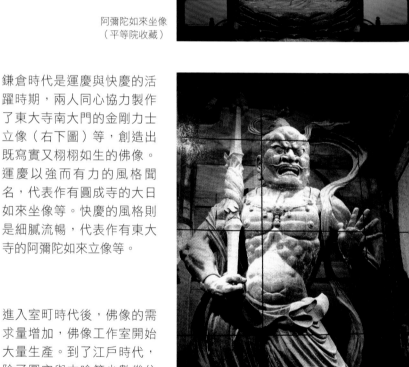

阿彌陀如來坐像
（平等院收藏）

鎌倉	鎌倉時代是運慶與快慶的活躍時期，兩人同心協力製作了東大寺南大門的金剛力士立像（右下圖）等，創造出既寫實又栩栩如生的佛像。運慶以強而有力的風格聞名，代表作有圓成寺的大日如來坐像等。快慶的風格則是細膩流暢，代表作有東大寺的阿彌陀如來立像等。

室町	進入室町時代後，佛像的需求量增加，佛像工作室開始大量生產。到了江戶時代，除了圓空與木喰等少數幾位極具個人特色的佛像雕刻師以外，不見著名的作品。

金剛力士像（阿形像）
（東大寺收藏）

各部位的名稱

白毫 白毫
生於額頭中央的白色捲毛，
右旋捲曲，能放射出照耀世
界的光芒。

肉髻 肉髻
頭頂像碗一樣隆起的部分，
當中滿是智慧。

螺髮 螺髮
海螺狀的頭髮，右旋收斂。

輪後光 二重円相光
光背是由佛陀所散發出
的光芒形成，頭部後方
的光稱為「頭光」，身
體後方的光則稱為「身
光」。

三道 三道
喉嚨上的三條紋路。

阿彌陀定印
阿弥陀定印
阿彌陀如來將生
前積德且信仰虔
誠的信徒接往極
樂世界時所持的
手勢。

袈裟 裙衣
簡陋的衣服，比照
釋迦牟尼在悟道時
所穿的素樸衣物。

蓮華座 蓮華座
模擬蓮花的台座。

結跏趺坐 結跏趺坐
盤坐後將左右兩腳的腳背置
於大腿上的坐姿。

佛像可分為四大種類（參照下一頁），每種佛像各有不同特徵。如來（上
圖為阿彌陀如來）如實地呈現出釋迦牟尼的樣貌，特徵是渦旋狀的髮型與
簡陋的衣物。佛像種類不同，光背、台座、手印與持物等也會有所出入。

佛像可分為「如來」、「菩薩」、「明王」、「天部」這四類。

如來

大日如來坐像

如來是佛教中位居最高地位的存在，種類上有為了拯救現世眾生而現身的釋迦如來、居住於極樂淨土並負責將眾生迎至極樂世界的阿彌陀如來，以及治癒疾病的藥師如來等。而在密教中位居絕對存在地位的大日如來則有著華麗外觀，這樣的外表是眾多如來中的例外。

明王

明王肩負教誨眾生，並指引他們洗心革面的任務。不管是不動明王或愛染明王，明王最大的特徵就是臉上都掛著憤怒的表情，而且手上會握著劍或弓箭等「武器」，身上穿戴華麗衣物以及裝飾品。

不動明王立像

聖觀音立像

菩薩為了悟道而待在如來身邊修行，同時也是拯救眾生的存在。也由於菩薩尚處於修行階段，因此呈現的是現世的優雅姿態。

種類除了有十一面觀音與千手觀音這種可幻化為33種姿態的觀音菩薩之外，還有彌勒菩薩與地藏菩薩等，每種菩薩都獨具特色。

菩薩

天部是佛教自婆羅門教與印度教中所吸收的神祇，為佛教的守護神。

天部中除了四天王與金剛力士、阿修羅等以武將姿態現身的佛像之外，也有像是吉祥天或辯才天這樣美麗的女神，種類相當多元。

吉祥天

天部

運用流水、石頭與植物呈現出自然景觀
日本庭園

　　日本史上的第一個庭園建造於飛鳥時代，是憑藉自朝鮮半島的百濟渡海而來的工匠所完成。而在奈良時代，承襲唐代中國影響的庭園誕生，在考古調查中發現，當時已經可見圓弧形的池塘、以天然石頭構成的石組，以及松樹、梅樹等在現代日本庭園中不可或缺的元素。

　　到了平安時代，介紹寢殿造庭園[5]的造園理論書籍《作庭記》問世，書中詳細記載該如何規劃石頭、樹木、泉水與庭園引水等，提倡在考量原有景觀中造園的理念。

　　之後，在日本人的居住空間演化為書院造[6]後，庭園也產生變化，枯山水與露地等日本獨特的庭園樣式就此誕生。

　　雖然庭園形式隨著時代演進發生變化，但使用水、石頭、植物等元素來呈現自然景觀這一點卻是不變的。這項特徵也與重視人工美的歐洲和伊斯蘭文化圈中可見的左右對稱庭園大異其趣。

構成要素

植栽

植栽中最受到看重的植物就是松樹。庭園中以松樹為首，會種植梅花或櫻花、楓樹等各式各樣的樹木，增添賞花、賞紅葉的樂趣。若要維持宜人的景觀，庭園的打理整頓是不可少的。

景物

石頭加工後所製成的石燈籠與洗手缽，是與茶室相輔相成的露地庭園中的必備元素。露地在桃山時代誕生後，景物便成為日本庭園中必要的構成元素。

石頭

打從平安時代開始，石頭即被視為庭園景觀中最重要的元素，所採用的均為天然石頭，可單獨擺放或是組合配置。

水流

水池的建造首見於飛鳥時代，用途不僅限於觀賞，同時也提供了乘船的樂趣。除此之外也有仿效大自然潺潺溪流的庭園引水或是瀑布。

譯註5：「寢殿造」指的是平安時代貴族所居住的住宅形式。住宅本身坐北朝南，而位於宅第南側的庭園即為寢殿造庭園。

譯註6：「書院造」是日本鎌倉時代至近世初期成立的住宅形式，相對於以寢殿為中心的寢殿造，書院造是以書院（書齋兼起居室）為建築中心的武家住宅形式。

飛鳥

人工「庭園」的概念自朝鮮半島傳入日本。

奈良

平城京中建造以唐代中國庭園為範本並加以變化的庭園。
→「日本庭園」的基礎

池庭 具備有水池的庭園總稱，歷史悠久，
為日本庭園的主流。

平安

作為貴族所居住的寢殿造宅第中部分配置所建造的「寢殿式庭園」開始流行。
此外，奠基於佛教淨土思想的「淨土式庭園」也出現於此時期，庭園的池中種有蓮花，重現淨土的樣貌。

鎌倉

禪宗思想也為庭園帶來影響。
→ 室町時代以後，日本庭園朝向枯山水發展

室町

枯山水 在不運用水的情況下，單憑石頭與砂地等
元素重現自然景觀。

住宅空間的形式發生變化，書院造庭園也隨之問世。書院造庭園是以坐在書院中觀賞庭園為前提而打造的坐觀式庭園。

安土桃山

在戰國時代風氣的影響下，崇尚華麗的庭園誕生。另一方面，千利休將茶湯文化帶向大成，茶的思想催生出「露地」庭園。

露地 露地是茶室外圍的庭園。
具體而微地表現茶的世界觀。

江戶

開始建造以大名宅邸為中心的迴遊式庭園（沿著固定路線觀賞的庭園）。

平等院

平等院是平安時代的藤原
賴通為了祈求往生後得以
前往極樂淨土而建造的淨
土式庭園。一般認為阿彌
陀如來住在位於西方的極
樂淨土，因此在水池西側
建造安置阿彌陀如來像的
阿彌陀堂，當時是從水池
東側參拜佛像。

（照片提供／平等院）

天龍寺

天龍寺是鎌倉時代的禪僧
夢窗疎石所建造的庭園，
體現出禪意，曹源池與龍
門瀑的景色更被譽為是日
本庭園史上的巔峰。可從
大方丈[7] 遠眺的曹源池也
是坐觀式庭園的先驅。

譯註7：禪宗寺廟建築中
兼具主殿、客殿與住持起
居室的空間。

（照片提供／天龍寺）

六義園

六義園是柳澤吉保在元祿
時代所建造的典型池泉迴
遊式大名庭園，園中除了
重現被傳誦於和歌當中的
88種景勝以外，更有水
池、築山、瀑布、溪流等
各式各樣的構成要素，可
在遊覽過程中享受景色變
化的樂趣。

假名文字的誕生所促成的獨特發展
書法

　　日本原本是沒有文字的國家，但在漢字從中國傳入後，用漢字來標示音節的「萬葉假名」隨之誕生。而隨著佛教傳入日本，抄經蔚為一股熱潮，以王羲之為代表的中國書法也成為抄經時的範本。

　　在遣唐使遭到廢止後，獨具一格且筆法流暢的日本「和樣」書法誕生，而「萬葉假名」在經過整理後，片假名與平假名也就此問世。

　　到了鎌倉時代，自中國渡海而來的禪宗僧侶將宋元時代的書法傳入，進入江戶時代後，以明朝的書法為典範的「唐樣」在文人雅士之間廣受歡迎。在和樣書法當中，御家流被幕府、朝廷與諸藩採納為公文文書的書寫字體，在民間私塾中，御家流也同樣佔有壓倒性優勢。但進入明治時代後，公文文書與學校教育均採用唐樣作為書寫字體，御家流因而式微。

　　近年來書法已超脫流派束縛，誕生出許多自由且深具特色的書風。

歷史

古墳

漢字自中國傳入。從出土於江田船山古墓（熊本縣）的大刀銘等進行研判，推測日本是從5世紀中期開始使用漢字。

飛鳥～奈良

隨著佛教傳入，抄經也流傳開來。據傳為聖德太子所書寫的《法華義疏》是日本最古老的書法作品（寫於西元615年）。之後，聖武天皇將抄經列入國家事業。王羲之的書法作品於此時期傳入，其地位備受尊崇、屹立不搖。

使用漢字標記日文音節的「萬葉假名」誕生，《萬葉集》編纂完成。

《絹本著色弘法大師畫像》
（廣島市收藏）

平安時代初期，以擅長書法而聞名的嵯峨天皇、空海（弘法大師）、橘逸勢三人被稱作「三筆」。

將萬葉假名簡化而成的「片假名」，以及將萬葉假名草寫化的「平假名」誕生。

平安

小野道風參考王羲之的作品，創作出流暢的日本風格書體
→「和樣」的開創者
藤原行成讓和樣書體更臻於完善。小野道風、藤原佐理、藤原行成被後世譽為「三蹟」。

連書與散書等技法誕生。臨摹《古今集》的《高野切古今集》，以及以優美拼紙技法聞名的《本願寺本三十六人集》等傑作，均創作於此一時期。

《伊勢集斷簡（石山切）》（九州國立博物館館藏） 攝影／小平忠生

和樣書法中誕生出眾多繼承藤原行成書風的流派，包括世尊寺流、法性寺流、御家流等。

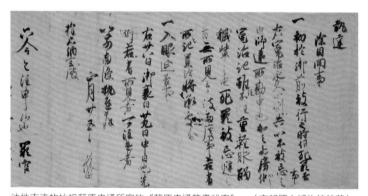

法性寺流的始祖藤原忠通所寫的《藤原忠通筆書狀案》。（京都國立博物館館藏）

禪僧自中國渡海而來，傳入宋元時代的書法作品。

和樣書法中的御家流字體為幕府與諸藩採納，使用於公文文書上。此外，御家流字體也被用於民間私塾的習字範本，廣為普及。另一方面，在江戶時代中期，以宋元明代為主的中國書法以「唐樣」之名在知識分子間掀起一股熱潮。

楷書・行書・草書

書	書	书
楷	行	草

格調高尚且整齊方正的「真」（楷書）與凌亂破格的「草」，以及介於兩者之間的「行」，這三種書體其實不單純是書法，同時也被運用於茶湯文化以及花道，是構成日本人美學意識基礎的用語。

專欄 ## 小野道風

小野道風是小野妹子的後代，小野篁之孫，誕生於書香世家。他曾在宮廷的牆壁與紙拉門上留下書法作品，年紀輕輕便以書法好手身分馳名。在《古今著聞集》這部説話集中記載了小野道風的軼事，據説他曾毫不留情地批評空海所寫的匾額作品。雖然《古今著聞集》著於道風逝世後300年，難以判斷內容真假，但道風深有自信這一點應該是無庸置疑的。在花牌中也有一張小野道風的牌，牌中描繪他目睹一隻青蛙想跳到柳樹上卻屢屢受挫，

《小野道風肖像畫》
（愛知縣春日井市・觀音寺收藏）

但依舊不屈不撓，因而萌生自己也要努力精進書法能力之心的情景。在道風逝世數百年後，他的事蹟依舊能被傳承下去，應該也是拜他傑出的書法能力所賜吧。

和服

　　日本人衣物的歷史始於在布中央開洞的「貫頭衣」，在進入古墳時代後，則開始出現上衣搭配裙子或是褲子的穿著方式。

　　奈良時代的衣著完全仿效中國宮廷裝束，但在進入平安時代後，卻演變為十二單這種獨特的多層穿搭風格。

　　時序進入武士的時代後，貴族的服飾開始變得簡樸，此時躍居主角地位的是小袖。小袖意指純白無花紋，且袖口窄小的衣物，本為老百姓日常起居穿著；而對於貴族而言，小袖原是作為內衣。但在進入武士時代後，無論性別或身分位階，小袖開始成為日本人的主要穿著，也是今日和服的原型。

　　從安土桃山到江戶時代這段期間，由於染織技術提升，因而帶動極盡華麗能事的和服與腰帶問世，和服文化也獲得長足發展。

　　穿著和服的規矩會依季節、年齡或是已婚未婚而有細微的變化，但近年來不受規定拘束、自在享受和服樂趣的人口有增加的趨勢。

第 **5** 章

節慶

慶祝新年，並祈求未來一年的平安
正月（新年）

　　「正月[1]」是在一年之初慶祝平安迎向新的一年，並祈求接下來的一年可順利度過的節慶。在古代日本，一年當中有正月與盂蘭盆會這兩次機會迎回祖先亡靈並予以祭祀，但在佛教信仰普及的影響下，盂蘭盆會的主要目的成為供奉祖先後，正月便成為迎接年神（在大年初一造訪各戶人家，為這一年帶來幸福的神明）、祈求五穀豐收的節慶。

　　到了年底要立門松、掛注連繩，並在神龕或是壁龕擺上鏡餅，為的都是要迎接年神。過去一般認為年神會在除夕夜造訪各戶人家，因此大部分人家在除夕夜多半會聆聽敲鐘聲，安靜地度過這個夜晚，迎接黎明。

　　破曉以後便是元旦（正月初一的早晨），大家逢人便將「賀喜新年」（あけましておめでとうございます）掛在嘴上相互拜年；而在初三以前享用屠蘇酒與雜煮，則是自古以來的習俗。享用滿滿整桌的吉祥年菜也是新年樂趣之一。

譯註1：在日本「正月」即為新年，期間通常是國曆的1月1日至1月7日。不過根據地域不同，正月期間也會有所差異，有些地方一直到1月15日都算是正月期間。

新年擺飾

注連擺飾 しめ飾り

注連擺飾會放在神龕上或玄關處,具有防止惡靈入侵的避邪功能。種類有白蘿蔔注連、牛蒡注連、環形注連等,擺放方式會隨著地區有所不同。

門松 門松

門松是用於讓年神憑附的物品。為了方便年神在造訪時辨識,家家戶戶會將門松放置於家門口。平安時代末期只擺放常綠的松樹,但隨著時代嬗遞,也開始出現擺放竹子或是梅花的人家。

鏡餅 鏡もち

祭祀年神的供品,也是讓年神憑附的物品。一般會疊放兩個大小不一、像鏡子形狀的圓形麻糬,並供奉於神龕或是壁龕上。鏡餅會擺在名為「三方」的台座上,台座上頭會鋪上名為「裏白」的蕨類植物,並且會在鏡餅上方放上橙、昆布或是交讓木的葉片。

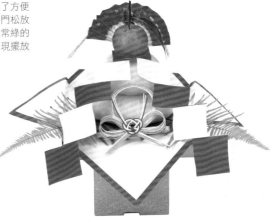

新年的節慶料理

黑豆 黑豆

黑豆（まめ）蘊含了祈求「孜孜矻矻工作，健康康生活」（まめに働き、まめに暮らせるように）的願望。

昆布卷 昆布巻き

昆布（こんぶ）的諧音同「喜悦」（よろこぶ），且昆布的漢字也可寫作「子生婦」，因此可祈求多子多孫；此外由於昆布卷的形狀近似卷軸，所以同時也能祈求學業進步。

栗金團 栗きんとん

栗金團中的「金團」意指黃金，可祈求財運亨通。

田作 田作り

田作這道菜使用的是日本鯷魚的幼魚，在過去是耕地的肥料。這道菜的漢字也寫作「五万米」，用於祈求五穀豐收。

年菜 おせち料理

年菜會在祭祀完神佛後享用。盛裝年菜的漆盒中裝滿象徵吉利菜色，祈求一整年的幸福。

屠蘇 お屠蘇

屠蘇是將屠蘇散浸泡於酒中或是味醂中所製成的藥酒，有驅邪延壽功效，從年幼者開始依序飲用。

雜煮 お雑煮

湯料以麻糬為主，另外也會加入蔬菜與魚貝類的湯品。從圓形麻糬到方形麻糬、從清湯到白味噌與紅味噌，使用的材料不一而足，根據地域不同，其內容物會有所變化。

新年參拜

兵庫縣神戶市湊川神社的新年參拜

參拜方法

❶ 深深鞠躬（禮）兩次〔二禮〕
❷ 雙手合掌於胸前，右手稍微靠近自己一些，將兩手張開至與肩同寬後，拍掌兩下〔二拍手〕
❸ 合掌祈禱
❹ 放下雙手，再一次深深鞠躬（禮）〔一禮〕

※以上引用自東京都神社廳官方網站內容，並加以修改。
但出雲大社與宇佐神宮等地為「二禮四拍手一禮」，因此參拜方法並不僅限於上述內容。

專欄 ## 初夢

　　初夢指的是新年所作的第一個夢。但究竟是大年初一還是初二晚上的夢為初夢？關於這一點眾説紛紜。「一富士二鷹三茄子」這句俗諺列舉了出現在初夢中最吉利的物品。以前的人相信將財寶船的繪畫墊在枕頭下就能夢到吉利的夢，也因此據説江戶時代有小販會在大年初一的街頭上兜售財寶船畫。

在季節交替之際消災解厄
節分

「節分」意為季節交替之際。四季中，立春、立夏、立秋、立冬的前一天都是節分，不過，逐漸演變為指涉2月3日前後，也就是春天到來的前一天。

季節交替之際容易碰上災厄，人們為了避開鬼怪，會將柊樹的樹枝插在沙丁魚頭上，並擺在門口或是掛在屋簷下。用於驅逐鬼怪的撒豆儀式，則是源起於「鬼払」這項自平安時代開始舉辦於宮中的除夕夜活動。神社每年會找來「年男」（本命年的男性），讓他們在高聲喊「福進門、鬼出去」（福は内、鬼は外）的同時，將炒過的大豆往外撒；而在一般家庭中是由父親擔負「年男」的責任。

近年來「惠方卷」蔚為風潮，據說只要面向該年度的惠方（吉利方位），將一整條沒有切過的海苔捲默不作聲吃下肚，便能招來福氣。

飛
鳥
・
奈
良

來自中國的「大儺」習俗，在文武天皇在位期間的慶雲2年（706）
演變為宮廷儀式「追儺」（驅鬼），這項用於驅逐惡疾的年度活動會
在除夕夜盛大舉辦。官名為「方相氏」的官員會在儀式中戴上金黃色
的四眼面具，手持矛與盾驅逐惡鬼。另外，古人在立春前一天的節分
會誦經或是安靜在家度過（稱為「物忌[2]」），以避開邪氣。

譯註2：近似齋戒的概念，意指在特定期間內避免某種特定行為以免招來晦氣。

平
安

在平安神宮（京都）所舉辦的「大儺之儀」，這項儀式重現了平
安時代舉辦於宮廷中的年度儀式「追儺式」。照片中央處的人物
為方相氏。（照片提供／平安神宮）

室
町

追儺這儀式從宮廷普及至神社與寺廟。在陰曆中立春與正月經常落
在同一天，也因此追儺儀式被合併至節分中，「撒豆」也成為節分的
活動。史書上也留有人們在此時期高聲喊「福進門、鬼出去」並且砸
豆子（撒豆）的記載。

進入江戶時代以後，節分撒豆的風俗也普及一般百姓。

江
戶

《惠方果報福
乃入豆》
歌川國芳
（東京都立中
央圖書館特別
文庫室收藏）

撒豆

鬼面具 鬼の面

「鬼」指的是邪氣或妖怪等，象徵為人類帶來災厄的不潔之物，因此人們會用豆子砸鬼加以驅逐。近年來父親經常扮演鬼的角色，但其實在古時候，一家之主肩負的是撒豆的「年男」。

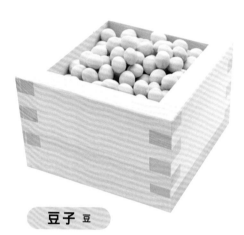

豆子 豆

撒豆儀式中使用的是炒過的豆子。在喊「鬼出去」時，人必須面向外頭，並且像是要砸中鬼一樣用力撒，以驅逐鬼怪；而喊「福進門」時，則是將灑落於家中的豆子集中起來，吃下等同自己年齡數量的豆子。

節分的習俗

沙丁魚與柊樹 イワシとヒイラギ

在節分的夜晚，日本人會將烤過的沙丁魚頭插在柊樹枝上，擺放在家門口。據說這是因為鬼怪相當討厭柊樹葉上的刺以及沙丁魚的惡臭，因此具有驅逐的功效。「心誠則靈[3]」這句諺語的由來也是源自於此。

惠方卷 恵方巻き

一般認為在節分時享用壽司捲就能開運，但在享用的同時必須默不作聲地面向當年度的吉利方位，並大口吃下。這項習俗據說源自江戶時代的商人家庭中，到了1970年代後半普及於全日本。

專欄 ## 何謂舊曆？

　　所謂舊曆，指的是在明治5年（1872）採用陽曆以前所使用的「太陰太陽曆」。太陰曆是以月亮的陰晴圓缺作為一個月的單位，在這樣的曆法中，一年約莫是354天，所以大概每三年就必須加入一個閏月；也因為季節會有所偏離，所以發明了二十四節氣，以便正確顯示曆法上的季節。二十四節氣中將一個太陽年分為二十四等分，並分別取上立春、春分、夏至等節氣名。將太陽曆當中的元素融入太陰曆的曆法便稱為「太陰太陽曆」，在日本是打從遠古的飛鳥時代開始就持續使用。

譯註3：原文為「イワシの頭も信心から」，意為只要懷有信念，沙丁魚頭這樣的東西也會帶有神聖力量。中文多譯為「心誠則靈」。

祈求女孩子的健康與幸福
女兒節

　　每年到了3月3日，家中有女孩的人家會擺上女兒節人偶，並供奉白酒、菱餅與桃花等物，以祈求家中女兒的健康以及幸福。女兒節也被稱作是上巳（即3月3日）節或是桃花節。

　　日本自古以來就有習俗利用人偶拂拭身體，將晦氣與災厄轉嫁至人偶身上，並將人偶流放至河水中以消災解厄。這種消災解厄的行為與平安時代貴族孩童間的遊戲「雛遊」（ひいな遊び）結合，並在江戶時代演化為女兒節。自江戶時代中期開始，女兒節成為女孩子一年一度的節日，在平民百姓間相當盛行。

　　近年來有許多人家只擺放天皇與皇后人偶，但若是採七段擺法，那麼除了天皇與皇后以外，還會擺上三人女官、五人樂隊，以及五斗櫃、梳妝台以及茶道用具。據說女兒節人偶參考自宮中婚禮，也因此所擺放的用具都是嫁妝類物品。

歷史

飛鳥

女兒節源自古代中國舉辦於上巳的節慶儀式，儀式中人們會在河邊淨身、消除晦氣，並且設宴慶祝。另一項源頭則是自古於日本流傳下來的「形代」（替身人偶）。即使是在現代日本，依舊可見到利用人偶拂拭身體、將晦氣與災厄轉嫁至人偶身上後，再

在上賀茂神社（京都）所舉辦的「夏越大祓」。在儀式上會將被轉嫁罪過或是晦氣的人偶放流至水中。（照片提供／上賀茂神社）

將其放流至河中的風俗。在上巳的儀式自中國傳入日本後，這兩項傳統便合而為一，並且在宮中於3月3日舉辦。

在宮廷中，放流人偶的同時會一併舉辦曲水流觴之宴，宴席上貴族們會將酒杯放在水上漂流取飲，吟詩作樂。

奈良～平安

《曲水宴屏風（局部）》（京都風俗資料館館藏）

室町

上巳節中用於除晦的人偶變得越來越豪華，因此開始出現儀式結束後不將人偶放水流的趨勢。

江戶

上巳節被指定為「五節[4]」之一，同時，上巳的儀式與源自平安時代貴族孩童間的遊戲「雛遊」結合，演變為女兒節。到了江戶時代中期，在3月3日祈求女兒的幸福，並且擺設人偶的風俗在平民百姓之間普傳開來。

譯註4：五節為七草節（1月7日）、女兒節（3月3日）、端午節（5月5日）、七夕（7月7日）、重陽節（9月9日）。

混合糯米與味醂等原料所製成的酒，香氣獨特，甜味明顯。口感略為黏滑，喝起來相當順口。

艾草麻糬 草もち

艾草的香氣濃郁且具驅邪之效，而艾草麻糬則是女兒節的供品。不過在平安時代，據說是用春天七草之一的鼠麴草來製作。

雛霰 ひなあられ

雛霰是由可避邪的五種顏色所製成，種類上有將粳米炒過使其膨脹再灑上糖蜜的關東風味，以及以糯米為原料，再使用蝦子或海苔上色所製成的鹽味以及醬油味的關西風味，根據不同地域口味會有所變化。

菱餅 菱もち

菱餅是將紅、白、綠三種顏色的麻糬切成菱形後層層堆疊起來的點心。最初據說是將菱角的果肉磨成粉狀再製成麻糬。菱餅的大小、顏色與堆疊方式會隨著地域不同而有所變化。

七段擺飾

三人女官
三人官女

從面向台座的左邊開始，女官手上所拿的依序為酒瓶、作為喜慶擺飾的島台，以及長柄酒瓶。除了島台以外，人偶也會拿可擺放酒杯、名為「三方」的供品台。

內裏大人　お内裏さま

以天皇與皇后（將軍大人與公主）為範本的男女人偶。在關東地區習慣將男性人偶放在面向台座的左手邊，但在關西地區因為有以左為尊的風尚，因此會將男性人偶放在面向台座的右手邊（天皇坐在左邊）。

五人樂隊
五人囃子

從面向台座的左邊開始依序為手持太鼓、大型綁鼓、小型綁鼓、笛子以及負責演唱的少年。五人樂隊的範本是能劇的地謠與囃子方，另外也有以雅樂的樂師為範本的人偶。

隨臣　隨身

兩位隨臣負責保護貴族。在位置的擺放上，關西與關東都是以左為尊，也因此會將當中權位較高的老人放在面向台座的右邊。

右近之橘
右近の橘

左近之櫻　左近の桜

嫁妝　嫁入道具揃

嫁妝為施有金色蒔繪且上過漆的家用品。從面向台座的左邊開始依序為衣櫃、收納箱、梳妝台、針線盒、2個火盆、壽刺袋（收納衣物的袋子）以及茶具。

轎子　御輿入れ道具

從面向台座的左邊開始依序為轎子、重箱[5]、牛車。

仕丁　仕丁

侍奉貴族的三位下人。從面向台座的左邊開始分別為手持竹耙的愛生氣鬼、手持畚箕的愛哭鬼，以及手持掃把的愛笑鬼。另外一種版本的仕丁則是手持台笠[6]、沓台[7]與立傘。

譯註5：用於盛裝料理的四方形木盒。
譯註6：裝在長柄上的斗笠。
譯註7：放鞋子的小台座。

123

品味櫻花之美
賞花

　　時序來到三月半以後，電視新聞與報紙上的「年度開花預測」成為大眾關注焦點。對於日本人而言，在盛開的櫻花樹下與家人或是朋友一同開心賞花，是春天不可或缺的活動。

　　在古代中國，寒冬中綻放的梅花備受尊崇，而日本在此影響下，古時也偏愛梅花。但自平安時代開始，歌頌櫻花的作品數量開始勝過梅花，櫻花也因此成為賞花的代名詞。

　　江戶時代，時任將軍的德川吉宗推廣種植櫻花樹，因此賞花勝地開始誕生於各地。在落語中也曾敘述一般百姓在繁華江戶的賞花情景。

　　由於日本列島南北狹長，因此可以賞花的時期自三月下旬開始，長達至五月上旬。進入明治時代後，武士道被視為一種道德，備受強調，人們也因而開始歌頌櫻花的凋落之美。賞花這項活動可說是和平世代的最佳娛樂。

歷史

平安

首見於日本歷史上的賞花記錄為嵯峨天皇在神泉苑所設下的宴席「花宴節」。此記錄見於《日本後記》中，時間記載為弘仁3年（812）2月12日（陽曆的4月1日）。

安土桃山

「醍醐賞花」是豐臣秀吉在慶長3年（1598）3月15日（陽曆為4月20日），率領以淀君與北政所為首的1300人，在醍醐寺的三寶院所舉辦的賞花宴席。豐臣秀吉下令在長達600公尺的道路兩側種植700株櫻花樹，並設置茶屋，鎮日享受盛大宴席。

《紙本著色醍醐花見圖屏風（局部）》（國立歷史民俗博物館館藏）

八代將軍德川吉宗為了增添百姓生活樂趣，開始推廣種植櫻花樹，隅田川堤與御殿山、飛鳥山等賞花勝地也因而誕生。賞花在一般大眾之間流行開來，民眾同時會在賞花時設酒宴，大啖賞花糰子與櫻餅。

江戶

《御殿山之花見（局部）》歌川廣重（東京都立中央圖書館特別文庫室收藏）

日本的櫻花

日本是全世界櫻花種類最多的國家，以花貌優美的品種之多馳名。自古以來培育出不少園藝品種的櫻花，當中最具代表性的就是染井吉野。染井吉野是大島櫻與江戶彼岸櫻雜交後所培育出的品種，並在幕末時期於江戶的染井村（今日的巢鴨、駒込一帶）開始販售，因而得名染井吉野。

染井吉野 ソメイヨシノ

日本山櫻 ヤマザクラ

江戶彼岸櫻 エドヒガン

大島櫻 オオシマザクラ

賞花點心

櫻餅 桜もち

關西風味的櫻餅。製法是用蒸過的道明寺粉（由糯米製成）包裹紅豆內餡後，再以鹽巴醃漬過的櫻花葉包起來。

關東風味的櫻餅。製法是將麵粉製的餅皮煎得薄薄地，對折並包裹紅豆餡後，再用鹽漬過的櫻花葉包起來。這種製法是江戶向島長命寺的看門人所發明，在寺廟門口販賣。

賞花糰子 花見だんご

賞花糰子是用竹籤串上紅、白、綠三色糰子的甜點。自江戶時代開始，一到賞花的季節，茶屋就會開始販賣賞花糰子，「捨華求實[8]」這句諺語也因而誕生。

譯註8：日文為「花よりだんご」，意為比起賞花，更重糰子。

賞花勝地

在南北狹長的日本列島上，各處都有賞花的名勝地，本頁所介紹的是當中最具代表性的幾個地方。

角館的武士宅邸（秋田縣）
（照片提供／仙北市觀光課）

松前公園（北海道）
（照片提供／松前觀光協會）

上野公園（東京都）
（照片提供／台東區）

岡崎公園（愛知縣）
（照片提供／岡崎市觀光協會）

吉野山（奈良縣）
（照片提供／吉野區公所）

岡城城跡（大分縣）
（照片提供／竹田市商工觀光課）

祈求男孩子的健康成長與幸福
端午節

　　所謂端午節指的是5月的第一個五日，在古代中國，人們會在這一天上山摘採藥草，並且喝菖蒲酒以驅除邪氣。而端午節據說是在奈良時代傳入日本。

　　在5月5日這一天，人們會將菖蒲插到屋簷，並戴上菖蒲鬘以消災解厄，但真正演變為端午節，並頻繁舉行射箭儀式等，則是要等到進入平安時代後。《枕草子》中也曾記載端午節盛大舉辦節慶活動的情景。

　　進入武士時代後，由於菖蒲的發音近似「尚武」，端午節也因而成為男孩子的節日。江戶時代後，端午節成為五節之一，平民百姓也開始模仿武士人家擺設武士人偶、掛鯉魚旗，並享用粽子與柏餅，祈求男孩子能夠健康成長、出人頭地。而5月5日正式被制定為國定假日「兒童節」則是在昭和23年（1948）。

別名・菖蒲節

菖蒲這種藥草香氣濃郁，自古以來便用於驅邪。每逢端午節，人們除了會將菖蒲製成頭飾戴在頭上以外，還會將其插至屋簷，並飲用浸泡了菖蒲葉與菖蒲根的菖蒲酒，並泡菖蒲澡。在平安時代和江戶時代還曾分別流行過「合菖蒲」（比較菖蒲根的長度）和「打菖蒲」（用成束的菖蒲拍打地面）的遊戲。

菖蒲 菖蒲

軒菖蒲 のきしょうぶ 軒菖蒲

將菖蒲與艾草紮在一起插至屋簷，以防邪氣進入家中。

菖蒲澡 菖蒲湯

使用菖蒲葉與菖蒲根泡澡，以消災解厄。據說是進入江戶時代後才出現的習俗。

《五節句之內　皐月（局部）》歌川國貞（國立國會圖書館館藏）

《江戶砂子年中行事　端午之圖》楊洲周延（町田市立國際版畫美術館館藏）

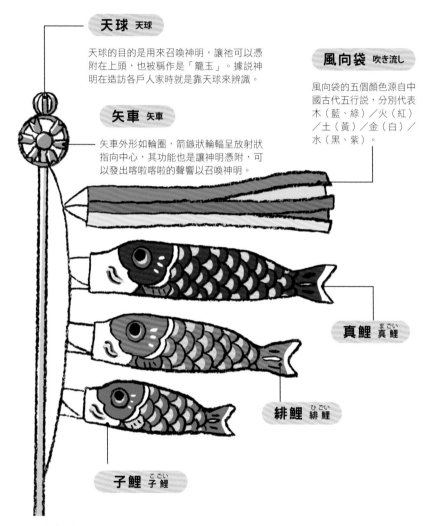

天球 天球

天球的目的是用來召喚神明，讓祂可以憑附在上頭，也被稱作是「籠玉」。據說神明在造訪各戶人家時就是靠天球來辨識。

風向袋 吹き流し

風向袋的五個顏色源自中國古代五行說，分別代表木（藍、綠）／火（紅）／土（黃）／金（白）／水（黑、紫）。

矢車 矢車

矢車外形如輪圈，箭鏃狀輪輻呈放射狀指向中心，其功能也是讓神明憑附，可以發出喀啦喀啦的聲響以召喚神明。

真鯉 まごい 真鯉

緋鯉 ひごい 緋鯉

子鯉 こごい 子鯉

住在城市的商人與工匠所懸掛的鯉魚旗，其實是武士家庭中懸掛的「旗指物」（在戰場上用於辨識敵我的小旗子）與風向袋的替代品。鯉魚旗受到魚躍龍門傳說的影響，是用於祈求家中男孩出人頭地的物品，日後也在武士家庭中漸漸取得主流地位。在江戶時代原本只懸掛黑色的真鯉，但進入明治時代後出現了紅色的緋鯉，在童謠《鯉魚旗》中緋鯉被喻為小孩，但就在子鯉也被納入鯉魚旗後，緋鯉在昭和40年代（1965～1974）左右成為了媽媽。近年來有不少家庭會懸掛與家中小孩人數一樣多的鯉魚旗。

端午節的擺飾

頭盔擺飾 飾り兜

在古代會將用菖蒲製成的頭盔作為擺飾，日後演變為用厚紙板製作，華麗的頭盔擺飾蔚為風潮，也會一併擺設盔甲與刀。

武士人偶 武者人形

以金太郎、鍾馗（鎮壓邪崇疫疾的中國神明）、源義經、加藤清正等英雄豪傑為範本製作的人偶，也被稱作是五月人偶。

專欄 粽子與柏餅

　　在端午節吃粽子這項習俗源於西元前3世紀左右的中國，最初是為了弔祭投河身亡的屈原，人們會在屈原的忌日5月5日這一天將糯米糰投入河中。雖然現代一般使用竹葉來包粽子，但在古代用的據說是帶有神奇力量的白茅葉，因此粽子也有「茅卷」之名。另一方面，柏餅則是江戶時代中期以後誕生於江戶的食物。槲樹若是不發新芽，舊葉就不會掉落，也因此蘊含著多子多孫的吉祥意味，受到武士家庭的喜愛，而柏餅之所以在端午節為人所享用，據說就是出自這個原因[9]。

譯註9：槲樹的日文漢字寫作「柏」，用來包裹柏餅的葉片便是槲樹葉。

在織女與牛郎相會之日向星星許願

七夕

　　擅長織布的織女（織女星）與勤奮的牛郎（牽牛星）在結婚後荒廢工作，激怒了天帝，因而被拆散。一年當中兩人只被允許見一次面，那一天就是7月7日——此為誕生於古代中國的七夕傳說。

　　中國自古以來便會在7月7日這一天祈求縫紉與手工藝技巧精進，「乞巧奠」這項儀式在奈良時代隨同七夕傳說一同傳入日本，之後日本的宮廷中也開始在7月7日的晚上獻上供品，祈求縫紉或是手工藝技巧可以更上一層樓。

　　而將心願寫在紙片上或是將裝飾品吊在竹子上的習俗，則是在七夕成為五節之一的江戶時代才出現。七夕節慶在百姓間普及的情景也被畫入許多浮世繪作品中。

　　進入明治時代以後，七夕被納入為學校活動，也因此演變為孩童將寫下心願的紙片掛在竹子上的節慶。

歷史

奈良

織女星與牽牛星的七夕傳說，以及向織女星祈求縫紉與手工藝技巧精進的「乞巧奠」自中國傳入。這項節慶與自古存在於日本的「棚機津女」（織布女）的習俗結合，也因此七夕被讀作是「たなばた」[10]。宮廷中將7月7日視為一個節日，會設下七夕之宴。

平安

在貴族階層舉辦的乞巧奠上，貴族們會將詩歌書寫在構樹葉片上，藉此祈求提升創作能力。

「乞巧奠」的擺飾。（照片提供／大宮八幡宮）

構樹葉 梶の葉
構樹的葉片為造紙原料，之所以會用於七夕，是因為葉片背面長有細毛，比較容易吃墨。

江戶

七夕這項節慶直到江戶時代以後才開始在一般百姓之間流傳開來，廣為舉行，特別是流行於江戶人口集中的地區，家家戶戶會向攤販購買竹子，置於家中，並祈禱小孩在私塾的課業進步，將寫下心願的紙片掛在竹子上。也因為配合七夕的「七」，因此一般習慣在七片構樹葉上寫下七首詩歌。

《豐歲五節句遊（七夕）》第三代歌川豐國（國會圖書館館藏）

譯註10：「棚機津女」的日文讀音為たなばたつめ（tanabatatsume），近似七夕的日文讀音。

七夕擺飾

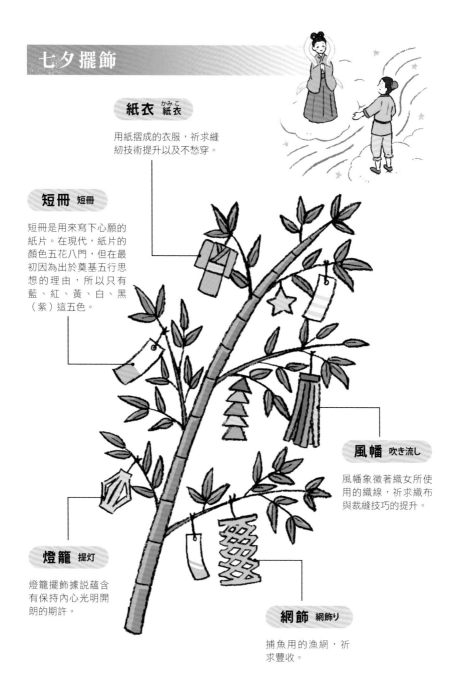

紙衣 かみこ 紙衣

用紙摺成的衣服，祈求縫
紉技術提升以及不愁穿。

短冊 短冊

短冊是用來寫下心願的
紙片。在現代，紙片的
顏色五花八門，但在最
初因為出於奠基五行思
想的理由，所以只有
藍、紅、黃、白、黑
（紫）這五色。

風幡 吹き流し

風幡象徵著織女所使
用的織線，祈求織布
與裁縫技巧的提升。

燈籠 提灯

燈籠擺飾據說蘊含
有保持內心光明開
朗的期許。

網飾 網飾り

捕魚用的漁網，祈
求豐收。

七夕祭典

七夕的日期落在迎接並祭祀祖先靈魂的孟蘭盆會前，同時也是除晦淨身的節慶。由於七夕的擺飾不能一直放在家中，所以古時候有一種「送七夕」（流七夕）的習俗，會在七夕隔天將七夕的擺飾與供品放水流。青森的睡魔祭與秋田的竿燈祭等，其實也是繼承了「禊[11]」這項儀式的七夕祭典。

日本三大七夕祭典

仙台七夕祭典 （宮城縣仙台市）	始於伊達政宗時期，歷史相當悠久。於 8 月 6、7、8 日舉辦三天，3000 株以上的棕竹擺飾每年都會汰舊換新。
湘南平塚七夕祭典 （神奈川縣平塚市）	始於昭和 26 年（1951）。以約莫 500 株的豪華竹飾聞名。於 7 月舉行，日期會因年而異。
安城七夕祭典 （愛知縣安城市）	始於昭和 29 年（1954）。竹飾所形成的通道長度據說為日本第一。於 8 月第一個週末舉辦。

※三大七夕祭典有另一種說法，是納入愛知縣一宮市的「七夕祭典」。

專欄　索餅與麵線

索餅被認為是麵線的起源，是將麵粉和水後，再旋扭成繩狀的食物。索餅在奈良時代從中國傳入日本，每逢宮中舉辦儀式時，天皇會有賞賜索餅的習慣。平安時代末期，在7月7日享用索餅以預防傳染疾病的習俗自中國傳入。而就在外型與索餅無異的麵線問世後，7月7日享用麵線的

金刀比羅宮（香川縣）舉辦的「索餅祭」。（照片提供／金刀比羅宮）

習俗便在貴族與武士之間傳播開來；進入江戶時代後，一般百姓也開始將麵線視為能消災解厄的神奇食物。

譯註11：藉由清洗淨身達到淨化效果之意。

迎接並供養祖先靈魂
盂蘭盆會

　　「盂蘭盆會」是為了拯救在餓鬼道受苦的死者而於7月15日舉辦的佛教儀式。盂蘭盆會在飛鳥時代傳入日本，並於聖武天皇在位的天平5年（733）成為宮廷中的佛教儀式。這項節日與日本自古以來舉辦於秋季的魂祭（祭祀祖先的儀式）結合，所以盂蘭盆會也因而演變為祭祀祖先靈魂的佛教節慶儀式。

　　在現代，盂蘭盆會多舉辦於對應農曆7月的新曆8月13至15日。一般來說日本人會在13日掃墓，點燃「迎魂火」以迎接祖先的靈魂（迎盆），然後在15日點上「送魂火」，送走祖先的靈魂（送盆）。只是一直到江戶時代為止，送盆都舉辦於16日，現在京都的「大文字送魂火」也舉辦於16日的晚上。

　　關於供品，不同的地區有著各式各樣不同的習俗，此外，信仰的教派不同也會讓儀式增添差異，因此盂蘭盆會的儀式在日本全國可說是千差萬別。

迎盆

精靈馬 精靈馬 しょうりょううま

由小黃瓜做成的馬，與茄子做成的牛。據說代表的意思是祖先的靈魂在歸來之際，可搭乘跑得較快的馬，離開時搭乘速度較慢的牛；但也有一說是祖先乘馬，往來之際讓牛載運行李。

迎魂火 迎え火

在盂蘭盆會第一天的傍晚，家家戶戶會在門口點燃亞麻莖以迎接祖先的靈魂。另外有些地方則是會燒稻草或松樹、櫻花樹的樹皮。

佛花 仏花 ぶっか

擺放在墓前或是盆棚（精靈棚）上的花。主要用的是胡枝子、桔梗、酸漿、蓮花等，但根據地域不同，使用的花的種類也會有所差異。

盂蘭盆提燈 盆提灯

盂蘭盆提燈的功用是為了不讓祖先的靈魂迷路。種類上有懸掛式與放置式的提燈，或是燈籠等，在親人過世後第一次到來的盂蘭盆會，會使用全白提燈。

供品

「靈供膳」是供奉於靈前的食物（素食料理），但比方說淨土真宗就不會供奉靈供膳，因此流派的不同會為供奉方式帶來變化（插圖為曹洞宗與臨濟宗的陳列方式）。「精靈棚」是盂蘭盆期間為了迎接祖先靈魂而臨時設置的祭壇。

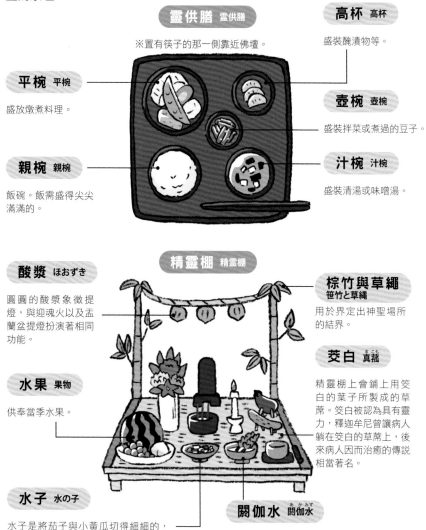

靈供膳 靈供膳

※置有筷子的那一側靠近佛壇。

高杯 高杯

盛裝醃漬物等。

平椀 平椀

盛放燉煮料理。

壺椀 壺椀

盛裝拌菜或煮過的豆子。

親椀 親椀

飯碗。飯需盛得尖尖滿滿的。

汁椀 汁椀

盛裝清湯或味噌湯。

精靈棚 精靈棚

酸漿 ほおずき

圓圓的酸漿象徵提燈，與迎魂火以及盂蘭盆提燈扮演著相同功能。

棕竹與草繩
笹竹と草繩

用於界定出神聖場所的結界。

茭白 真菰

精靈棚上會鋪上用茭白的葉子所製成的草蓆。茭白被認為具有靈力，釋迦牟尼曾讓病人躺在茭白的草蓆上，後來病人因而治癒的傳說相當著名。

水果 果物

供奉當季水果。

水子 水の子

水子是將茄子與小黃瓜切得細細的，再與白米一起浸泡在水裡的食物，供奉給在陰間因饑餓受苦的鬼魂。有些會將水子盛在蓮葉上。

閼伽水 閼伽水

供佛用的水。用千屈菜（也被稱作盂蘭盆花）的花沾上閼伽水後，再撒在水子上，便能使食物無限增加。

送盆

送魂火 送り火

為了送走祖先的靈魂，在盂蘭盆會最
後一天晚上所燃燒的火稱為送魂火。
京都在8月16日晚上所點燃的「大文
字送火」（五山送火）也是送魂火。

放河燈 精靈流し

放河燈為的是要送走祖先的靈魂。放河燈會放流至河中或
是海中，也有些人會將供品放置在放河燈上一起放流。

盂蘭盆舞 盆踊り

盂蘭盆舞目的是為了迎
接、慰勞並送走在盂蘭盆
會被召喚回來的靈魂，原
本僅舉辦於盂蘭盆期間[12]。

譯註12：日本有些地區會在8月底或是9月等非盂蘭盆的期間舉辦盂蘭盆舞。

賞月並慶祝秋收
賞月

　　自古以來，月亮在日本一直是觀賞的對象，當中又特別以「中秋的名月」（十五夜）意義非凡。所謂中秋指的是農曆的8月15日；在中國，打從唐代以來便開始過中秋節，而在平安時代的日本，貴族們每逢中秋夜便會在池中的船上設賞月宴席。此時恰好是收穫季節，因此會使用剛收成的新米製作糰子，並且供奉芋頭等，所以中秋的名月又被稱作是「芋名月」。

　　雖然從中國傳入的習俗是在15日晚上賞月，但誕生於日本的賞月卻是落在13日晚上[13]，舉辦於農曆9月13日，被稱作是「後月」。若只賞中秋名月卻不賞十三夜之月，這樣的行為被稱作是「片月見」（賞單月），一般為人所忌諱。由於13日晚上會供奉當季收穫的黃豆與栗子，也因此被稱作是「豆名月」、「栗名月」。而無論是在13日或是15日賞月，在過去對一般百姓而言，賞月這項活動都意味著收穫祭。

賞月時的供品

中秋的名月（十五夜）
中秋の名月（十五夜）

在農曆中，15日晚上一定是滿月。所謂中秋指的是8月15日，在古籍中還有一句讚美中秋的記載：「月月均得賞月，但論賞月，非此月莫屬」。在9月13日的晚上也有賞月的習俗，十三夜的月亮被稱為「後月」。

芒草 ススキ

芒草能讓神明憑附，因為外型近似稻穗，所以被當作祈求稻作豐收的供品。除了芒草以外，秋天的七草（胡枝子、山葛、石竹、黃花龍芽草、澤蘭、桔梗）也是賞月時相當受歡迎的供品。

賞月糰子 月見だんご

賞月糰子是揉捏米粉後搓成圓形的糰子，也因為日期落在農曆15日的關係，所以多半會供奉15顆，但有些地方也會供奉與一年月數相同的12顆（農曆閏年則是13顆）。疊放的方式是從最下層開始分別擺9、4、2或是8、4、2、1顆。

三方 三方

三方是用來放置供品的供奉台。這個供奉台是由「折敷」（托盤）與三邊開有圓孔的台座所構成。台座上沒有開孔的面要朝前，托盤上有接合處的面則是朝後，意即讓月神看不見接合處才是正確擺法。

譯註13：日本人會在農曆9月13日這一天賞月，這一天被稱作是「十三夜」。

141

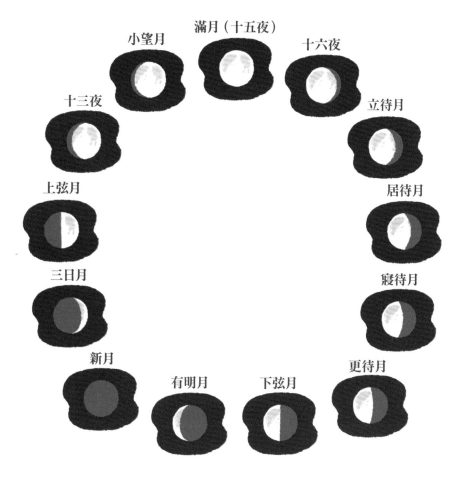

古代人除了最圓的滿月（望月）以外，也喜愛觀賞滿月前後的月亮。14日的月亮為小望月，因為蘊含有等待隔天15日之月圓的意味，所以也被稱作是「待宵月」。十六夜[14] 則是因為月亮升起的時間比起十五夜稍晚一些，被視為是月亮躊躇不定而得名[15]。17日是在站著等候之際月亮便升起之故，因此稱為「立待月」；18日則是要待坐下等候時才會升起的「居待月」；19日則是要到睡下等待時才會升起「寢待月」；20日的「更待月」則是要到晚上十點之後月亮才會升起，每一天的月亮各自有著不同的優雅稱謂。

譯註14：在日文中意為農曆16日。
譯註15：在日文中「十六夜」（いざよい）的發音近似於「躊躇不定」（いざよう）。

賞月勝地

松島（宮城縣）

松島自古以來便是賞月勝地，與伊達政宗有所淵源的觀瀾亭也被稱作是「賞月殿」。松尾芭蕉在《奧之細道》的開頭處曾詠歎道的「松島之月教人心繫」也相當著名。
（照片提供／松島觀光協會）

姥捨梯田（長野縣）

以棄老傳說聞名的姥捨山同時也是著名的賞月勝地，《古今和歌集》中也收錄了歌頌姥捨之月的詩歌。此處的梯田出現於中世之後，以「田每之月[16]」廣為人知，歌川廣重也曾描繪過此地風景。
（照片提供／長野縣觀光機構）

大澤池（京都府）

平安時代初期嵯峨天皇建造了離宮嵯峨院（今大覺寺），大澤池便建於這座庭園中。當時嵯峨天皇為了賞月而乘坐於池中的船上，與貴族們共享賞月宴席。
（照片提供／大覺寺）

桂濱（高知縣）

提到賞月勝地，非桂濱莫屬（月の名所は桂浜）」這句話是自江戶時代開始傳頌的土佐民謠〈夜來小調〉中的一節。每逢中秋，桂濱都會舉辦「桂濱觀月會」。

譯註16：每一塊梯田中都映有月亮之意。

慶祝孩童的成長
七五三節

　　在11月15日這一天，可以見到滿三歲、五歲、七歲的小孩子們盛裝前往神社參拜的光景。到了神社後，家長會讓孩子接受消災解厄的儀式，並且替他們買千歲飴[17]，再拍攝紀念照。

　　七五三節源自於中世末期舉辦於宮廷與武士家庭中的「蓄髮」、「穿袴」與「解帶」儀式。進入江戶時代後，演變為慶祝男孩子滿三歲、五歲，以及慶祝女孩子滿三歲、七歲的節慶。在古代，幼兒的死亡率極高，一般認為「孩童在七歲以前是神明的孩子」，因此會在特定的時間點慶祝小孩被順利帶大，也祈求孩子日後能健康成長。

　　七五三節之所以會落在11月15日，是因為在過去，這一天被視為諸事大吉之日，但在近年，多半是在15日前後的假日慶祝；而在北方地區為了避開寒冷的天氣，有些地方會選在10月舉辦。

譯註17：祈求家中小孩長命百歲的一種細長型糖果。

歷史

貴族階級間會舉辦讓孩童第一次穿袴的「穿袴儀式」。穿袴儀式不分男女，會選在孩子三歲至七歲間的吉日舉辦。

穿袴儀式在武士階級間普及，「蓄髮」儀式也始於此一時期。在古代，無論男嬰或女嬰都會剃頭，而讓孩童正式開始把頭髮留長時所舉辦的儀式便為「蓄髮」。儀式上，在小孩滿三歲時，會把白線當成白頭髮戴到他們頭上，以祈求孩童長壽，可活到白髮皤皤的年歲。到了中世末期，當小孩捨棄附有綁帶的衣物，改穿跟大人一樣有腰帶的衣服時，貴族們會舉辦「解帶」儀式。不過關於舉辦的年齡眾説紛紜，但據説男童跟女童都是挑在11月的好日子。

「蓄髮」儀式。
《儀式風俗圖繪》
巖如春（金澤大學
附屬圖書館館藏）

「穿袴」儀式。
《儀式風俗圖繪》
巖如春（金澤大學
附屬圖書館館藏）

在江戶時代小孩只要到了三歲，不分男女童都會舉辦「蓄髮」儀式，而男孩子到了五歲會舉辦「穿袴」儀式，女孩子到了七歲則會舉辦「解帶」儀式。關於儀式日期是自何時開始定在11月15日，這一點眾說紛紜，有一說是始於三代將軍德川家光，也有一說是始於五代將軍德川綱吉。

《七五三祝賀圖》三代歌川豐國（國立國會圖書館館藏）

七五三參拜

七歲　　　　三歲　　　　五歲

千歲飴

千歲飴袋子上畫了什麼？

袋上畫的是象徵長壽的龜鶴以及祈求健康與遠離病痛的松竹梅，還有吉利的高砂老夫婦[18]等。

千歲飴的起源？

有一説是元和元年（1615）大阪人平野甚左衛門在江戶開先河販售千歲飴，另有一説認為元祿、寶永年間（1688～1711）在淺草賣糖的七兵衛才是販售千歲飴的始祖。

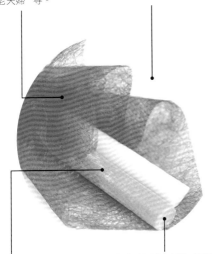

江戶時代後期的隨筆畫中所描繪的賣糖人。最早據説是由七兵衛這號人物開販售先河。
《還魂紙料》柳亭種彥（國立國會圖書館館藏）

千歲飴為什麼那麼長？

為了祈求孩童的長壽。

千歲飴是用什麼做的？

原料為砂糖與麥芽糖。近年也有加入奶油與牛奶。

專欄 **各地區慶祝孩童成長的節慶儀式**

　　在鹿兒島縣，每逢1月7日，虛歲七歲的男女童會前往神社參拜，並造訪七戶人家索取七草粥，這樣的儀式稱為「七草祝」。而新潟縣十日町的「七詣」，則是會讓虛歲七歲的男童在5月8日參拜座落於標高360公尺山頂處的松苧神社，這也將成為他們生平第一次的爬山體驗。在熊本縣除了七五三節以外，還會為虛歲四歲的男女童舉辦「解帶」儀式。各地的儀式各異其趣。

譯註18：古代高砂神社內生有一棵分枝為雌幹與雄幹的松樹，日後松樹神明化身為老夫婦，是良緣與婚姻融洽的象徵。

煙火

　　在日落時分換上浴衣外出欣賞煙火，是日本炎熱夏日特有的樂趣。煙火是古代中國在發明火藥下的美麗副產物，隨著槍砲一同傳入日本，並在時代趨於和平後逐漸受到歡迎。歷史上也留有德川家康曾在慶長18年（1613）觀賞中國技工施放煙火的記錄。

　　享保18年（1733），為了弔慰前一年死於霍亂的亡者並驅逐疫病，5月28日這一天在東京的兩國地區舉辦了水神祭，並同時施放煙火，現在大川（隅田川）每逢夏季便舉辦納涼祭典、施放煙火的傳統便是源自於此。納涼期間會一直持續至8月28日，從納涼船上欣賞煙火的活動蔚為風行，觀賞的群眾為了表示對煙火師的支持，還會大聲吆喝「玉屋——」或「鍵屋——」[19]。

　　煙火的顏色在發展之初為暗紅橙色，開始變得五彩繽紛是在明治時代以後。日本煙火可在空中畫出完美的球形，技術據說是世界第一。

譯註19：「玉屋」與「鍵屋」為江戶時代的煙火店，當時的觀眾在觀賞煙火時會藉由高喊店名來表示對店家的支持。

第 **6** 章 武道

充滿勝負樂趣的江戶氛圍
相撲

　　相撲被譽為日本的國技。分別記載於《古事記》和《日本書紀》神話中的兩個角力故事，據說便是相撲的起源。在宮廷中，自奈良時代開始召集諸國的大力士，以祈求五穀豐收的名義讓他們進行相撲，這在日後演變為「相撲節會」年度儀式。

　　時序進入武士的時代後，相撲成為上戰場前必須習得的技術。將軍或是大名們會觀賞相撲，並雇用勝利的一方為隨從。到了江戶時代，則開始流行以修繕或是建造神社寺廟為名義而舉辦的「勸進相撲」。此後相撲慢慢成為一項定期舉辦、帶有娛樂性質的運動，而這便是現代大相撲的原型。

　　「將對手逼到土俵外，或讓對手腳掌以外的任一身體部位碰觸到土俵即獲勝」——相撲的規則就是這麼簡單。勝負多半取決於雙方起身對撲的一瞬間，也是這種獨特的速度感讓觀眾們看得如癡如醉。力士、行司、司儀等都維持江戶時代樣貌，這一點也是觀賞相撲時的樂趣。

歷史

古墳

根據《日本書紀》的記載，出雲國的野見宿禰與大和國的當麻蹴速曾在垂仁天皇在位時進行過角力，據說此為相撲的起源。但也有一說是《古事記》中建御雷神與建御名方神之間的角力才是相撲的起源。

《芳年武者無類　野見宿禰・當麻蹴速》
月岡芳年（國立國會圖書館館藏）

奈良〜平安

原本是為了祈求五穀豐收而作為一項宮中儀式所舉辦的相撲，在此時期演變為正式官方儀式「相撲節會」，日後延續了400年以上。相撲節會除了是祈求五穀豐收的儀式外，同時也是召集諸國強者，讓他們彼此可一較高下的比武大會。相撲技巧卓越的人才會以武官身分被徵召入宮。

鎌倉〜安土桃山

為了娛樂神佛而在神社與寺廟的神域內所舉辦的「奉納相撲」在全國蔚為流行。

相撲成為武士們必須修習的一項戰鬥技術。戰國大名們熱衷於觀賞相撲，若是見到表現優異的相撲選手還會聘雇為家臣。織田信長每年也會聚集來自全國各地的強者，在安土城內舉辦比賽。

江戶

開始定期舉辦「勸進相撲」（為了募集寺廟與神社的修繕或是建築費用的一項娛樂表演），一流相撲選手可受各藩國的雇用。

幕府曾多次發布勸進相撲的禁令，但在寬保2年（1742），勸進相撲終於在江戶獲得認可。江戶、京都、大阪這三大都市會定期舉辦具娛樂性質的相撲賽，因而奠定「大相撲」這樣的娛樂體制。

力士・行司・土俵

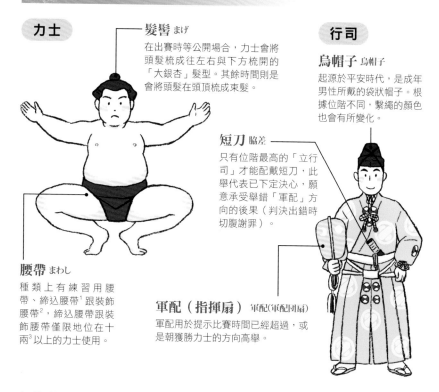

力士

髮髻 まげ
在出賽時等公開場合，力士會將頭髮梳成往左右與下方梳開的「大銀杏」髮型。其餘時間則是會將頭髮在頭頂梳成束髮。

行司

烏帽子 烏帽子
起源於平安時代，是成年男性所戴的袋狀帽子。根據位階不同，繫繩的顏色也會有所變化。

短刀 脇差
只有位階最高的「立行司」才能配戴短刀，此舉代表已下定決心，願意承受舉錯「軍配」方向的後果（判決出錯時切腹謝罪）。

腰帶 まわし
種類上有練習用腰帶、締込腰帶[1]跟裝飾腰帶[2]，締込腰帶跟裝飾腰帶僅限地位在十兩[3]以上的力士使用。

軍配（指揮扇） 軍配(軍配団扇)
軍配用於提示比賽時間已經超過，或是朝獲勝力士的方向高舉。

相撲世界是位階分明的階級社會。力士的等級從橫綱到大關、關脇、小結、前頭，被稱作是「幕內」。從幕內以下到十兩為止被稱作是「關取」。關取可以梳名為大銀杏的髮髻，還可以穿締込腰帶，也可繫上裝飾腰帶站上土俵。而地位在「幕下」以下的力士則是連薪水都拿不到。

在規定上，幕內最多只能有42人，雖然每次出賽後排名會有所變動，但唯有位居最高位的橫綱若沒有取得稱頭的成績，才會被迫退位。也因此一旦「繫上繩子」（橫綱繫在腰上的粗注連繩），便要有所心理準備。

行司主要的工作是指揮力士對戰。因為行司會在勝負已定之際進行判決，看似為裁判，但實際上最終的判斷權是落在裁判委員的手上。行司也有等級之分，指揮扇上的結繩垂飾或烏帽子的繫繩顏色會因等級而不同。

譯註1：位階在十兩以上的力士在出賽時所繫的絲製腰帶，傳統上多為黑色或深藍紫色，但近年來也可見其他顏色。
譯註2：在正式進入比賽之前，會舉行一個讓力士們齊聚並登上土俵的儀式，此時力士們所繫的便是裝飾腰帶。裝飾腰帶均為高級訂製品。
譯註3：十兩是日本相撲中的一個位階，是位於幕下之上、幕內之下的高階相撲力士。

土俵

水桶 水おけ

鹽 塩

南
（對向正面）

德俵[4] 徳俵

預備線 仕切線

東

西

踏俵[5]
踏み俵

北
（正面）

力士之所以會用力水[8]漱口是為了要去除髒汙並淨身，而撒鹽的目的則是在於淨化神聖的土俵。僅限地位在十兩以上的力士能執行這兩項行為。

土俵誕生於江戶時代中期。在那之前，相撲是舉辦於被觀眾所圍繞的圓繩內，但隨著相撲的人氣高漲，觀眾與力士之間也不得不設下距離。

預備線誕生於昭和時代之後。由於當時廣播會進行相撲的實況轉播，所以必須限制調整預備動作的時間[6]，據說也因此提升力士在起身對撲那一瞬間的技巧[7]。

譯註4：土俵中力士們對戰的圓形區域內，東西南北方的四個外突處稱為「德俵」。

譯註5：用於上下土俵的台階。

譯註6：在昭和時代以前，並不會對力士調整預備動作的過程限時，在對戰雙方尚未認定時機成熟以前，可不斷重複調整。

譯註7：從預備架勢到起身對戰的這個過程在日文中被稱為「立合い」，據說相撲的勝負基本上就取決於這一瞬間。

譯註8：力士用於漱口的水稱為「力水」。

從武術演化為重視精神修養的武道
柔道

　　戰場上單挑戰術之一的「搏鬥」技法，在經過系統化後所演化而成的便是「柔術」。柔術是一項不使用武器，並透過借力使力來取勝的一項武術，在江戶時代廣受歡迎，並衍生出各式各樣的流派。

　　而讓柔術進化為「柔道」的則是嘉納治五郎。年少體弱的嘉納為了讓自己更加強壯，取經自眾多流派，融會貫通了武道的精髓。日後他在明治15年（1882）開設講道館，創立了「柔道」。嘉納曾留下這句話：「修習柔道目的在於鍛鍊強健的體魄、致力於精神層面的修養，以圖提升人格，最終對社會有所貢獻。」

　　嘉納同時也致力於將柔道推廣至海外，而今在全世界已相當受歡迎。不過海外的柔道有異於日本，除了柔道服的顏色五花八門外，比賽規則迥異的例子也不少見。

歷史

鎌倉～安土桃山

此時期的歷史與相撲一致，《古事記》和《日本書紀》神話中兩個角力的故事為柔道的起源。（請參閱「相撲」一節）

武士階級在平安時代末期崛起，戰場上的單挑戰術之一的「搏鬥」技法獲得進一步發展。搏鬥是徒手或是利用短武器對戰的技法，從室町時代開始系統化。

江戶

進入江戶時代後，赤手空拳對戰的技法獲得長足發展。「柔術」與「柔」（やわら）這樣的稱呼出現，成為十八般武藝[9]之一。「關口新心流」與「起倒流」等各式各樣的流派誕生，到了幕末時，流派數多達200個。

明治

萬延元年（1860）誕生於兵庫縣的嘉納治五郎自幼體弱，他為了讓自己變得強壯而開始學習天神真楊流柔術與起倒流柔術。其後，嘉納針對自古流傳下來的柔術精華部分加以改良，在明治15年（1882）創立了「柔道」（講道館柔道）。

《天神真楊流柔術極意教授圖解》（國立國會圖書館館藏）

明治28年（1895），公家機構「大日本武德會」設立於京都，目的是要推廣與傳授武道。由於來自四面八方的流派會在武德會舉辦的賽事一較高下，因此嘉納治五郎便帶頭制定了「統一規定」。
此外，由於柔道也被劃分為學校的學科，因此在民間廣為普及。

嘉納治五郎

譯註9：意指日本的18種傳統武藝，為中國傳入的用語，包括柔術、劍術、槍術、棒術、弓術等。

技法

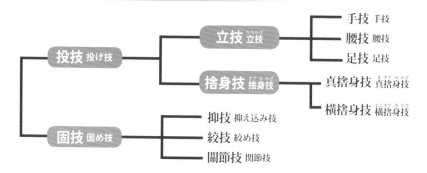

投技中的捨身技是將自身的身體傾向後方或側邊，同時將對手摔出去的技法。固技中以攻擊手肘關節的技法尤為危險，因此禁止中小學生使用。

單手背負投 ──本背負い投げ

手技之一，由背負投變化而來的技法。在抓住對手的單手後，像是要將對方背起來一樣摔出去。

大外刈 大外刈り

足技之一。從外側用自己的右後膝牽制對手的右後膝，使對方失去重心倒地。

專欄 ## 以柔克剛

這句話傳達出柔道的精髓，源自於老子所說的「弱之勝強，柔之勝剛」。如果能利用對手的動作破壞其平衡，並且在絕妙時機出招，體型再嬌小的人都有可能將壯漢過肩摔。

架裟固 架裟固め

抑技之一。將右手繞到對手的脖子後方，並將其右手臂夾至自己的左腋下，使對方動彈不得。

送襟絞 送襟絞め

腕挫十字固 腕ひしぎ十字固め

用右手抓住對手的左領口，再用左手抓住其褲子左膝處。使用這項招式時要將腰部重心前傾，並在轉動身體的同時壓制對方。別名為「腰絞」。

關節技之一。用兩腳大腿夾緊對手的右手臂，再用兩手抓住對手的右手腕後拉向自己的胸前以攻下其肘關節。

腰帶的顏色與段位

顏色	段位	
紅	9～10段	高段者
紅白	6～8段	高段者
黑	初段～5段	成年
咖	1～3級	成年
白	4～5級　初學者	成年
咖	1級	少年
紫	2級	少年
綠	3級	少年
橙	4級	少年
黃	5級	少年
白	初學者	少年

用於辨識有段位者的黑帶，在明治20年（1887）左右誕生於講道館。之後，段級制度變得較為完善，腰帶的顏色也因而增加。以前有段位者的女性，其黑帶上會有一條白線，但從平成29年（2017）開始，不分男女均為黑帶。雖然有比黑帶更高的段位，但因為要升級有最低的年齡門檻限制，也因此很難在卸下選手身分前取得。

誕生於沖繩的士族護身術
空手道

　　單憑赤手空拳制服對手的武術「空手道」誕生於琉球王國（今沖繩）。空手道（からて）是將自中國傳入的拳法，與士族的格鬥術「手」（ティー）相互融合後，演化成赤手空拳對戰的「唐手[10]」（トゥーディー）。但由於唐手在過去是由師父口傳給弟子的私房武術，也因此其明確的歷史不詳。

　　在日本本土最先展露「唐手」的人物是船越義珍。曾於大正11年（1922）對於船越所展現的武藝給予高度評價的嘉納治五郎（柔道的創始者），在協助推廣唐手方面不遺餘力，其後唐手在大學生之間蔚為風潮。

　　空手道最大特色在於它是在面對對手的攻擊下自保的護身術。「空手無先手[11]」這句話也相當有名。在空手道的比賽中分為以一對一形式相互較量的「對打競賽」，以及演練「型」（基本套拳）的「型競賽」；而「型」必定會以「擋」（防守的姿勢）起頭。

歷史

〜江戶

空手道發祥於沖繩（琉球王國），據説是源自琉球士族的護身術。當時這種武術被稱作是「手」，在進一步結合中國拳法的元素後，演變為「唐手」。→ 現今空手道的原型

由於唐手是不外傳的私房武術，技法與修習方法是由師父以口傳方式讓弟子繼承，也因此並未留下明確史料。

唐手在當時王宮所在地的首里、那霸以及泊這三地流傳開來，其後衍生出許多流派。

明治

在明治維新後，士族階級消失並走向衰退，但在糸洲安恒的奔走促成下，唐手被納入學校教育中。→ 在沖繩進一步普及

大正

大正11年（1922），沖繩的唐手家船越義珍（松濤館流開山始祖）在東京舉辦的體育展覽會上展現唐手，成為日本民眾認識唐手的契機。

船越義珍

在講道館柔道的始祖嘉納治五郎協助下，唐手逐漸在日本全國普及。

宮城長順（剛柔流開山始祖）、摩文仁賢和（糸東流開山始祖）以關西為據點，船越義珍及其弟子大塚博紀（和道流開山始祖）則是以東京為據點，雙雙以大學生為對象教授唐手。→ 競技人口增加

昭和

昭和10年（1935）左右，「唐手」更名為「空手」。
※眾説紛紜

譯註10：日文中空手道的「空」與「唐」的發音相同，皆可讀為から。
譯註11：修習空手道之人絕不先出手挑釁之意。

五種技法

「擊」是出拳攻擊的技法，「踢」是使用腳的攻擊技法，「擋」是防守技法，「打」則是能攻也能守的技法。「撞擊」（当て）則分為肘擊與膝擊，這項技法雖然是有效的防身術，但在奧運賽事上是遭到禁止的。

擊 突き

握拳擊向對手。夾緊腋下，讓拳頭與手腕呈一直線，一鼓作氣擊出。

踢 蹴り

空手道獨特用腳攻擊的技法。有前踢、後踢、迴旋踢等踢法。

打 打ち

運用手掌側面或手背等手的各部位來擊打對手，或用以化解對手的攻擊。

擋 受け

擋下或避開對手攻擊的技法。進行型競賽（演武）時，必從擋的動作開始。

專欄 寸止

在空手道當中有「寸止」這樣一個術語。寸止指的不只是在擊中對方前停手，而是將目標設定在極為靠近對方身體處，並盡可能將力道發揮到最大。

不過在現代出現了一批團體，他們所舉辦的比賽是在佩戴護具的清況下進行直接擊打（全接觸空手道），這種比賽方式在全世界受到歡迎。

出招的身體部位

在賽事中是無法使用某些特定的身體部位進行攻擊，但原本空手道最大的特色就是運用身體各部位進行攻防。身處於無法運用手與腳的情況下，額頭或肩膀等就會成為攻擊（防守）的部位。

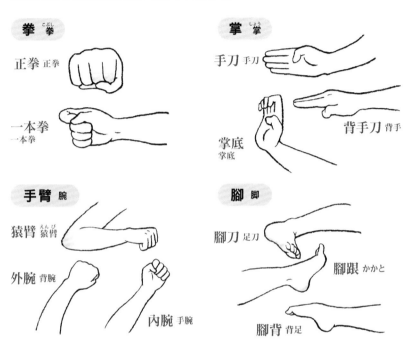

拳 こぶし 拳

正拳 正拳

一本拳
一本拳

掌 しょう 掌

手刀 手刀

背手刀 背手

掌底
掌底

手臂 腕

猿臂 えんび 猿臂

外腕 背腕

內腕 手腕

腳 脚

腳刀 足刀

腳跟 かかと

腳背 背足

空手無先手

空手的意義在於面對對手的攻擊時可求自保，而非主動挑釁攻擊。這句話出自船越義珍之口，體現空手道的精神。此外，船越也留下「勿忘空手道始於禮、終於禮」等其他強調空手道精神面的話語。

船越義珍紀念碑（照片提供／沖繩空手道導覽中心）

透過修練劍術求得精神成長

劍道

　　劍道是使用竹劍攻擊對手特定身體部位，藉此一較高下的武道，比賽時必定會穿著護具。

　　堅固又銳利的日本刀誕生於平安時代中期，在時序進入武士的時代後，刀的需求量雖然大增，不過在最初弓馬術[12]其實是比刀更受到看重。日本刀要到徒步戰漸成主流的室町時代後期，才開始成為戰場上的主角，此時期也衍生出劍術的各個流派。

　　刀也在豐臣秀吉推動刀狩令[13]後開始成為武士階級的象徵。在江戶時代，劍術成為武士教育的必修科目，目的在於鍛鍊身心。而進入18世紀中期以後，開始出現配戴護具對戰的練習。

　　劍道雖然在明治時代一度式微，但卻在警察與學校引進劍道教育後獲得重生。自2012年度開始，劍道成為日本中學的必修科目，理由在於修習劍道這類武術可幫助學生培養尊重對手的心態。

歷史

平安～鎌倉
以日本特有製法所生產的刀,意即所謂的日本刀,出現於平安時代中期。以刀劍對戰的技術「劍術」也因而誕生。

鎌倉時代的武士社會成立後,刀的需求量大增,刀劍的製作技術也因此獲得長足發展。

室町
應仁之亂後進入亂世,各家流派的劍術相繼誕生。因為對戰方式從騎馬射箭轉移為徒步戰,刀的型態也從掛在腰間、刀刃朝下的「太刀」,演化為抽刀後即可砍殺的「打刀」(刀刃朝上並插於腰帶上)。

安土桃山
豐臣秀吉發布了刀狩令,使得刀成為了武士階級的專屬之物。

江戶
進入太平之世後,劍術從殺敵的技術轉變為培養個人人格的一套方法。柳生宗矩在其所著作的《兵法家傳書》中提倡討伐一個惡人即可拯救多數人性命的「活人劍」思想。

直心陰流的長沼四郎左衛門國鄉改良了自古流傳下來的劍道具(護具),提升其實用性。

此外,寶曆年間(1751～1764)一刀流的中西忠藏子武開始佩戴護具並使用竹劍練習,此後,護具也在其他流派間普及。劍術亦在武士階級以外傳播開來。

→ 現代劍道的起源

江戶時代的護具(照片提供/南會津町教育委員會)

明治
武士階級消失。明治9年(1876)的廢刀令讓劍術走向式微,不過日後警察與學校體系導入了劍道課程,因而獲得重生。

譯註12:騎馬射箭的武術。
譯註13:此項政策沒收了僧侶與平民所持有的武器。

五行架勢

中段持姿 中段の構え

上段持姿 上段の構え

脅腰 脇構え

下段持姿 下段の構え

劍道的姿勢有五種，當中最基本的便屬中段持姿。中段持姿別名為「人之姿」，是最利於自在變換攻守的姿勢。上段持姿別名「天之姿」，是從上方進行壓迫式攻擊。下段持姿也稱作「地之姿」，可順應對手招式應變。而脅腰與八相這兩種姿勢在現代幾乎不使用。

有效打擊

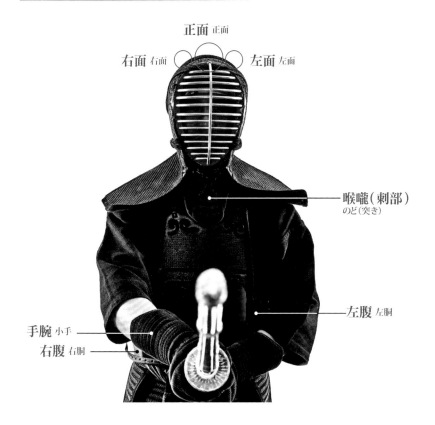

正面 正面

右面 右面　　左面 左面

喉嚨（刺部）
のど（突き）

左腹 左胴

手腕 小手
右腹 右胴

若能用竹劍順利擊刺對手的面部、手部、腹部與喉嚨這四處，即認定為「一支」（一本）。在判決規則中，有效打擊（一支打擊）的定義是：①氣勢充足、②以正確的姿勢讓竹劍的刺擊位置擊中刺擊部位、③以正確的角度刺擊、④維持「殘心」。第①點的「氣勢」指的是在刺擊對方當下所發出的吆喝聲。如果攻擊面部與腹部時吆喝聲的氣勢不足，將無法認定為有效的一支打擊。未能保持第②點的姿勢正確，或是未能將力量集中於第③點中的正確角度也不行。而在刺擊後也不可掉以輕心，能否維持第④點中的「殘心」（防範對手攻擊的警覺心）也相當重要。「氣劍體」合一的刺擊最為理想。

不論高下，講究「和」的武道
合氣道

　　合氣道是只有防守的技術，透過扭轉對手的手肘或手腕關節以牽制攻擊，並在一瞬間將對手摔出去或加以制伏，由植芝盛平在大正時代所創立。

　　植芝自十多歲開始便在柔術的各家流派門下學習，其中大東流柔術的武田惣角對他的影響特別大。但日後植芝卻慢慢開始對於武術為了爭奪高下的目的持懷疑態度，而結識大本教的出口王仁三郎這件事為植芝帶來契機，使他潛心投入於精神面的修養。昭和17年（1942），植芝為他自身所創立的武道正式命名為「合氣道」。

　　合氣道不爭奪高下，最大特色就是不舉辦比賽。在演武中是由「受方」（接招的人）和「取方」（出招的人）這兩人相互切磋，但不會評分。不分出勝負這一點是合氣道與其他武道最大的不同之處。

歷史

柔術被視為合氣道的起源（請參閱「柔道」一節）。柔術是在赤手空拳的情況下或使用短武器對戰的武術技法，並且在室町時代以後被系統化；而其目的並不在於殺害或傷害對手，重點多半是放在阻擋攻擊或自保上。

合氣道的開山始祖植芝盛平誕生於明治16年（1883），他曾修習天神真楊流、起倒流與柳生心眼流等各家武術。當中大東流武術的武田惣角為他帶來莫大的影響，據說是他日後創立合氣道的契機之一。

植芝盛平

柳生心眼流兵法的甲冑術（照片提供／柳生心眼流兵法　柳正館）

植芝在大正8年（1919）結識大本教的出口王仁三郎，他為了追求「真武」而致力於修養精神層面。隔年，他在京都府綾部市開設修行道場「植芝塾」，並自大正11年（1922）開始將自身發展的這套武道精髓稱為「合氣」。

昭和6年（1931），專門道場「皇武館」開設於東京新宿區若松町。

昭和17年（1942），植芝將自身創立的武道正式命名為「合氣道」。

合氣道的基本思想

圓形運轉之理 円転の理

合氣道不管是動作或技法，仰賴的都是連續的圓形動作。這樣的概念不同於敵攻我退，而是在對手攻擊時將其引入圓形運動中，對手即便退下，也要持續讓這個圓形運轉。也就是說，不抵抗對手的力量，而是藉由畫圓的動作分散其力道，以達制伏目的。

入身之理 入り身の理

入身指的是運用與對手會身時的力量制伏對方。若對手從正面攻擊，只要進入對方側身的死角，便能反過來利用對方前進的力量給予致命一擊。

氣 気

在合氣道中，控制身體的重心「臍下丹田」並調整呼吸是相當重要的。「連結自身中心與地球中心，不為所動。這般穩定的狀態將產出『氣』。」（節錄自《合氣道規範基本篇》）

臍下丹田

臍下丹田位於肚臍下方約9公分處，被認為是身心精氣匯集之處。在武道中非常講究將意識集中於此處。

基本技法

一教 一教

順應對手的手刀攻擊動作，以對方的手肘為中心，反轉對方身體並讓他失去重心，再順勢將其制伏於地。

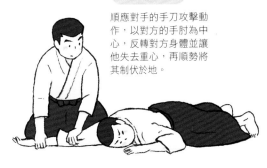

入身摔 入り身投げ

移動至以手刀出擊的對手右側身後，壓制住對方的手刀與頭部，使其失去平衡後再將他摔出去。

四方摔 四方投げ

在對手抓住自己的手腕時，用另一隻手抓住對方的手腕後往上轉。接著轉身將其手腕與肘關節像是要下折一般用力往下扯，將對方摔出去。

合氣道的技法大致上可分為「固技」與「投技」，而不管是哪項技法，都變化多端。另外，當相互切磋的兩人一旦產生姿勢的變化，技法的位置跟動作也會跟著變動，也因此技法的總數可說是難以細數。

專欄 合氣是什麼？

合氣道的開山始祖植芝盛平曾説過：「合於氣即可與天地之氣（意即自然）合而為一」。而合氣道之所以會以順應自然的圓形為核心，原因也在於此。順帶一提，植芝的弟子鹽田剛三開設的養神館道場所主張的是，「合氣道中會配合對手的『氣』，因而得名」。

鍛鍊技術與心智，與箭靶對峙
弓道

　　弓箭在舊石器時代被用於狩獵，而在「射禮」自中國傳入後，宮廷開始每年在天皇面前舉辦依序射箭的儀式。

　　弓術在鎌倉時代成為武士的實戰技術，相當受到看重，且有長足發展。到了室町時代，小笠原貞宗將弓法集大成，創立了小笠原流。而被譽為近世弓術始祖的日置彈正正次則是創立了日置流，眾多流派在這個時期誕生。

　　不過在槍砲傳入日本後，弓術便轉變為武士鍛鍊身心的工具。進入明治時代以後，弓術被納入學校教育，並自大正7年（1918）開始被稱為「弓道」。

　　在弓道中，一決勝負的對象不是「人」而是「箭靶」，這一點有異於其他武道。射出的箭是能正中紅心還是偏離靶心，完全操之在己，也因此在弓道中，心智的鍛鍊不可或缺。

歷史

繩文

福井縣的鳥濱貝塚出土了長120公分、粗2公分的丸木弓,推測為距今約6000年前的繩文時代早期古物。

奈良～平安

日本與中國開始頻繁交流。中國的射禮思想(遵從禮法射箭)為日本帶來莫大影響,射箭儀式也因而被導入宮廷活動中(射禮之儀)。

射箭開始受到重視,並成為武士修練的環節之一,犬追物[14]、笠懸[15]和流鏑馬[16]問世。

鎌倉

文治3年(1187),源賴朝在鶴岡八幡宮的放生會上表演流鏑馬,以作為娛樂神佛的餘興節目。

鶴岡八幡宮現在依舊會在9月舉辦流鏑馬神事。
(照片提供/鶴岡八幡宮)

室町

後醍醐天皇在位時,小笠原貞宗與小笠原常興整合了武家的弓法,並創立以弓馬術禮法為主的小笠原流。直到江戶時代為止,負責指導將軍弓法的始終是小笠原家。另一方面,日置彈正正次則是創立了日置流,講求速效與成果取向的日置流在日後為各家流派繼承。

安土桃山

隨著槍砲傳入日本,弓箭作為武器的重要性下降。

江戶

京都三十三間堂[17]的遠射在江戶時代初期蔚為風潮,來自各藩的高手會在此一較高下。然而到了江戶末期,弓術自幕府講武所的科目中被剔除,一度式微。

大正

「弓道」被納入學校教育,以修養精神的科目身分獲得重生。

譯註14:在一方形場地中釋出多隻狗,並由三組隊伍競射狗隻,最後由射中最多的隊伍勝出。
譯註15:在高速騎馬的情況下,拉弓射下高低大小不一的箭靶。
譯註16:騎馬奔馳於直線馬場上,並連續射下三個立起的箭靶。
譯註17:位於京都的佛堂,其建築長度在江戶時代約為60公尺,此距離大約為當時一般射箭比試會場的兩倍。

射法八節

射法八節是將射箭的基本規則（動作）拆解為八個階段（步驟）來解説的內容，只要流暢並正確地執行這一連串動作，便能提升命中率。

第一節 踏足 足踏み

雙腳張開約60度，讓兩隻腳的腳拇指與箭靶中心位於同一直線上。

第二節 構身 胴づくり

打直背脊，將弓置於左膝上，右手放於腰間。

第三節 上箭 弓構え

將右手置於弓弦上，調整左手的執弓姿勢後望向箭靶。

第四節 舉起 打起し

兩手上舉至相同高度，高舉弓。

第五節 拉開 引分け

將弓身推向箭靶方向，拉箭至箭身長度的一半。

第六節 集中 会

箭碰臉頰、弓弦靠胸，靜候放箭時機。

| 第七節 **分離** 離れ | 第八節 **殘心（殘身）** 殘心(殘身) |

展開胸廓後放箭。最理想的
情況是讓箭在時機成熟之際
自然射出。

在放箭後暫時維持姿勢，不
鬆懈身心。

弓道用語

正射必中 せいしゃひっちゅう 正射必 中	意為射法正確，則定能命中標的。追求正確的射法，且每天持續練習是相當重要的。
真善美 真善美	真善美是弓道的最高目標。「真」是指追求正確的姿勢。「善」指的是與內在對話並保持平常心。「美」則是同時體現「真」與「善」時的理想姿態。
千射萬箭 せんしゃばんせん 千射万箭	這句話是「千射萬箭悉皆新」的簡稱，意指即便經驗老練，射過千萬枝箭，也不可輕忽當下的這支箭。
三位一體 三位一体	三位指的是「身（身體）、心（精神）、弓」，弓道所追求的是此三者合一的境界。

神轎

　　自古以來日本人相信世上有為數眾多的神明，且會在神明所居住的神聖之地建造神社。

　　日本人每年會定期在神社迎接神明駕臨，並供奉供品或是表演神樂[19]來款待神明。春季祈求豐收、秋季感謝收成，以及為了祈禱無病無災而侍奉神明的行為，在日本被稱作是「祭典」（祭り）。

　　而「神轎」則是在祭典中不可或缺之物，神轎的轎頂安有金黃色的鳳凰，雕刻與飾繩等裝飾物都極盡奢華之能事，與山車[20]並列為祭典主角。

　　順帶一提，日本最古老的神轎安置於和歌山縣的鞆淵八幡神社，為石清水八幡宮在安貞2年（1228）所贈予的。

　　神明從神社移動至鎮上，並將神德施予各家各戶的「渡御[21]」，是祭典中的最高潮。而在「渡御」的過程中，神明所搭乘的交通工具便是神轎，地方居民所扛的神轎讓神明得以在鄉鎮上順利繞行。

譯註19：祭祀神明時所演奏的舞樂。
譯註20：裝飾有人像等的拉車，會在神社舉行祭典時以人力牽拉或扛抬。
譯註21：意指神轎出巡。

第

7

章

住居與生活用品

傳統日本住宅的三項特徵

　　在安土桃山時代造訪日本的傳道士路易士・佛洛伊斯（Luís Fróis）曾在《日歐比較文化》（*Kulturgegensatze Europa-Japan*）中寫道：「日本的住宅是用竹子、稻草及泥土所建造，並利用紙門區隔空間」。歐洲人住在由石頭、石灰以及磚塊所建造的房子中，對他們而言，日本人用如此簡陋的材料來建造住宅，似乎感到相當驚訝。除此之外，日本住宅還有其他有異於外國住宅的特色，以下便介紹幾項較具代表性的特徵。

　　第一點是高自由度的空間設計。平安時代貴族宅邸的平面圖中幾乎看不到牆壁與隔間，在就座或就寢時，會在地板鋪上坐墊、立起屏風或隔板以區隔空間。

不為房間設置固定隔間是日本住宅的主要特徵。只要移動隔扇便可改變房間大小。

　　日本人開始在房間鋪設榻榻米後，房門處上方就出現了鴨居[1]，下方則是會設置敷居[2]，分隔空間用的隔扇跟紙拉門也就此誕生。只不過跟一般房門不同的是，隔扇跟紙拉門可輕鬆拆卸，只要全部撤掉，即可創造寬廣的室內空間。

　　此外，由於古時候的日本並不會在室內放置家具，因此只要移動矮桌與棉被等方便搬運的生活用品，就能讓房間既可化身書房，也可以是起居室或寢室。

譯註1：門框上方有溝槽的橫木條。
譯註2：相對於位於上方的鴨居，敷居為門框下方的溝槽部分。

日本住宅（民宅）的結構

屋簷・窗簷 のき・ひさし

由屋頂延伸出來蓋住外牆的部分稱為屋簷，而覆於窗戶或出入口處上方像屋頂的東西則是窗簷。屋簷與窗簷可擋雨或遮光，特別是遮擋夏天強烈的直射陽光。

屋頂 屋根

屋頂位於房子的最上方，可遮擋雨雪與陽光，材料為稻草或茅草等植物，以及木板和瓦片等。瓦片在過去主要使用於寺廟或城堡，但由於江戶的火災頻繁，所以瓦片也是備受推崇的防火建材。

紙拉門 障子

紙拉門是分隔待客間與外廊的拉門。紙拉門其中一側的木格上貼有白色和紙，也因為光線能透過和紙照射進來，所以拉上門後依舊能保持室內明亮。

舞岡公園・舊金子家住宅主屋（橫濱市）

土牆 土壁

土牆是將混合稻草的泥土調至稀黏，再塗到用竹子與木頭組成的骨架後所風乾的牆面。根據泥土種類不同，土牆的類型也形形色色。土牆具有調節濕度與蓄熱的功能，冬暖夏涼。

擋雨板 雨戶

擋雨板是遮風擋雨或是阻擋寒氣的木板門，發明於安土桃山時代。擋雨板就嵌在柱子外側的溝槽中，不使用時會收至門縫間的收納空間。由於擋雨板可從室內拉上，因此也具備防盜功能。

外廊 えんがわ 緣側

外廊是架設於房屋外緣的木板，但架設在擋雨板外側的木板則稱為「濡緣」。外廊除了具備走廊的功能外，也是住宅內部與外部之間的中間地帶，因此也具備待客空間或是出入口的功能。

外廊是室內與室外的
中繼空間，可不著痕
跡地連結家中與戶外
（自然）。

　　日本住宅中雖然也有像是廚房或是設有壁龕的待客間等用途明確的
空間，但基本上隔間都相當簡易。

　　第二點是與自然融為一體。在傳統日本住宅中，待客間外側有外廊
環繞，太陽光能照射至外廊，也有風吹拂，時不時能聞到種植在院子的
花草香。外廊是一個即便身處家中，也能直接感受到戶外自然的空間。

　　許多日本庭園是以能在家中賞景為前提所設計，只要拉開外廊的紙
拉門後，就可坐在待客間內觀賞，而不拉開紙拉門也能觀賞戶外景色的
新型紙拉門誕生於明治時代。玻璃在明治時期開始量產，也因此一部分
嵌有玻璃的「額入障子」（框形紙拉門），以及將可開闔的紙拉門裝在
窗玻璃內側的「貓間障
子」接連被發明，「雪
見障子」則可在溫暖室
內眺望戶外雪景。

可透過紙拉門上鑲嵌玻璃欣賞室外景色的「額入障子」，
這也是一種將自然引入室內的巧思。

第三個特徵是「界線」相當曖昧。不明確區隔內外這一點是日本住宅的特徵，即便身處家中也能感受到大自然的外廊，正是連結內外的中間地帶。外廊既是室內也是室外，這種「兼容並蓄」的狀態，正是日本人刻意創造出來的。

界線曖昧這一項特徵同樣也適用於光影上。待客間與外廊之間的紙拉門將穿透和紙的柔和光線迎入室內，這樣的光線極為細緻，谷崎潤一郎在《陰翳禮讚》一書中也曾提及。紙拉門這項日本特有的建築用品，在室內創造出光與影的中間地帶。

可遮擋強烈光線的屋簷，也是日本人在不強調光影與明暗區別的心態下之巧思。

日本特有的曖昧空間感，體現的是不與大自然正面交鋒、而採和諧共存的姿態。

映照在紙拉門上的樹影也演繹出美感。

窗簷與紙拉門可將強烈的陽光轉化為柔和的光線。

居住空間中的傑出智慧
榻榻米・隔扇・紙拉門

　　榻榻米是在用稻草縫製的底板上，表面用藺草（イグサ）編織所製成。榻榻米透氣且吸汗，相當適合高溫潮濕的日本夏天氣候。此外，榻榻米的保溫性比木頭地板來得強，因此也相當適合當作冬季的地板材料。

　　在《萬葉集》的時代，草蓆等鋪墊全部統稱為「榻榻米」，而現代所使用的榻榻米則是誕生於平安時代。

　　在當時，榻榻米就放在木地板上，既用於坐也用於就寢。此外，榻榻米的厚度、大小以及榻榻米邊的顏色根據階級不同，有著嚴格規定。

　　榻榻米是在進入室町時代後開始鋪設於整個房間中，且尺寸統一為191×95.5公分（京都尺寸）。另一方面，在江戶一張榻榻米的大小則是176×88公分，當時江戶的人口快速成長，由於必須在狹小土地上建造更多的房子，建築面積（榻榻米的尺寸）也來得較小。

　　而日本的住宅現在也依舊用4帖、6帖半等榻榻米的張數，來作為計算室內面積的基準。

榻榻米 畳

榻榻米具有調節室內溼度的功能。圖為製作榻榻米墊的材料藺草。

隔扇 ふすま

隔扇用於區隔房間。根據空間的氛圍與目的，會使用不同的隔扇。

紙拉門 障子

紙拉門是在格子狀木框貼上和紙的紙門。由於光線可穿透和紙，因此採光效果良好。

　「障子」原本是可移動的折疊式屏風、隔板，以及隔扇與門等，所有具備區隔空間功能的物品總稱。

　用來將室內區隔成小空間的拉門稱作「襖障子[3]」（ふすま障子）。襖障子的木製骨架兩側均貼有厚紙或布，上頭還繪有各式圖樣，亦成為一項裝飾品，發揮了妝點室內的功效。

　另一方面，將格子狀木框的其中一面貼上白色和紙的拉門稱作「明障子」（明かり障子）。明障子即便拉上，白紙依舊可透光，因此被用為與外部空間區隔的隔間。明障子在中世以後被廣泛使用，現代所說的紙拉門指的都是明障子。

　由於隔扇跟紙拉門在拆卸後，外頭的風便可吹入，相當適合日本的夏天。此外，和紙的保溫性佳，在冬天也是一項有效的防寒對策。因為紙拉門與隔扇的材料為紙（布）與木頭，所以同時也具備調節濕度的功效，是四季分明的日本特有的建築材料。

譯註3：亦即前述內容中所提及的隔扇。

風呂敷（包袱巾）

　　用於包裹物品的布，在平安時代被稱作「平包」（平包み）。大眾澡堂（錢湯）據說誕生於鎌倉時代，但當時的泡澡方式是蒸澡，進入澡堂的人並不會赤身裸體，而是會穿兜襠布或在腰間綁布後再入浴。因為當時的人會將入浴用品用麻布或是絲布包裹後帶到澡堂，並在洗完澡後站在布上整頓衣物，包裹用的包巾因而得名「風呂敷[4]」。

　　風呂敷這項名稱隨著大眾澡堂在江戶時代早期的元祿年間普及後，開始為人所熟知。江戶中期後，棉花的栽種興盛，棉製的風呂敷就此誕生。風呂敷除了澡堂以外，用途也日漸增加，除了包裹物品，還可以手提、肩背或是拿來包頭。印有店家商號的風呂敷也成為商人不可或缺的物品。

　　風呂敷的柔軟度是其特色，無論任何形狀的物品都得以包覆。尺寸有大有小的風呂敷因為既輕巧又可折疊，近年來作為環保袋廣受歡迎。

譯註4：日文中的「風呂」即為洗澡之意，「敷」則是有鋪在地上之意。

182

手拭巾

「手拭」源自「太乃己比（太＝手、乃己比＝拭）[5]」這句古語，在平安時代被稱作「巾」或是「手巾」。

自古以來只有身分高貴的階級被允許使用麻布，但在江戶中期棉花種植開始興盛後，棉製的手拭巾隨即普及平民百姓。

一開始手拭巾只用純白的漂白棉製作，但隨著可以染上圖樣的藍染技術問世後，印有家紋或是商號的手拭巾就此誕生，更催生出在季節問候或是節慶之際餽贈手拭巾的文化。

當時也很流行染印客製化圖樣，江戶時代大受歡迎的歌舞伎演員所構思的設計圖樣，在今日也被作為傳統圖樣保存下來。

而手拭巾之所以不縫邊，是出於要保留其速乾性以維持衛生的考量。手拭巾除了可用於大眾澡堂，也可拿來包頭或是作為頭上的綁帶使用，江戶人會在各式各樣包頭或綁頭的方法上費心思，藉此較勁時尚品味。

譯註5：「太乃己比」日文為「たのごひ」，其中「た」（太）的音對應的意思是「手」（て），「のごひ」（乃己比）則對應到「拭」（ぬぐい）。

扇子

　　有別於自中國傳入的團扇，可收摺起來的扇子是日本人的發明。木製的檜扇出現於奈良時代，在平安時代初期，日本人還曾將糊上紙或絲的扇子進貢給中國與朝鮮的朝廷。

　　從平安時代中期開始，扇子成為貴族隨身必備的物品，貴族們還會在扇子上頭寫詩，是一項展現個人風格的裝飾品。

　　一開始扇子只在正面糊紙，但明朝中國開發出背面也糊紙的扇子，並在室町時代逆向傳回日本。在大街小巷上開始出現賣扇子的店家或是沿路兜售扇子的小販後，扇子便在平民百姓間普及開來。進入江戶時代以後，扇子的人氣更是邁向高峰，所有流派的畫家皆畫過扇子畫。

　　也因為扇子可以搧風，所以被認為具有驅逐惡靈的力量。向外展開的形狀也被認為相當吉利，所以將扇子作為季節的問候禮與節慶紀念品餽贈的習慣也流傳至今。

暖桌

　　暖桌據說起源於室町時代，當時的人會將腳放在地爐上方的矮台子上，再將衣物蓋在腿上，這便是暖桌的雛形。

　　到了江戶時代，將棉被蓋在用木頭組合而成的木架式暖桌登場。將地爐的底座往下挖，讓腳可以在坐著時往下放的下凹式暖桌也於此時問世。

　　方便移動的放置式暖桌則出現於江戶時代中期左右。當時的暖桌相當簡易，先將木架裝上底板，再將火源置於底板上，最後蓋上棉被即完成。

　　可讓多人同時取暖是暖桌的優點。浮世繪中也可見當時民眾聚在暖桌旁和樂融融休息的情景。

　　而在插電式暖桌普及後，一般家庭開始會在最上方蓋上桌板，將暖桌作為餐桌使用。

座布團（坐墊）

　　在古代日本，用藺草稈或稻草所編織的墊子統稱為「榻榻米」。時序進入平安時代，日本人開始在稻草製的榻榻米板縫上藺草編的榻榻米墊，就在現代所認知的「榻榻米」誕生後，鋪在榻榻米上方的寢具或是拿來坐的鋪墊便被稱作為「茵[6]」。

　　另一方面，寺廟中所使用的坐墊則是稱為「蒲團」，是由蒲草所編織成的圓形墊子。就在「蒲團」開始被用於指稱寢具後，用於指稱坐墊的「茵」便演化為「座布團」一詞[7]。

　　「茵」是貴重物品，在古時候只有身分高貴者才被允許使用；但在江戶中期以後，棉花被廣為栽種，將棉花塞入棉布內的座布團於是問世，並在一般百姓之間普及。

　　座布團雖然有「八端判」（59×63公分）等各式各樣的尺寸，但無論是哪一種尺寸，長度總是會比寬度多4公分，理由在於這樣比較方便跪坐。此外，座布團上沒有接縫處的邊被視為正面，坐下時正面會位於膝蓋前方，這樣才是座布團的正確擺法。

譯註6：日文假名寫作「しとね」，在古代日本泛指或臥或坐時的鋪墊。
譯註7：在現代日文中，寢具的漢字寫作「蒲」或「布」。

提燈

　　提燈為日本的獨特發明，是便於攜帶的照明器具。用糊上和紙的竹篾製成燈罩，並在燈罩中立蠟燭，即可完成提燈。

　　提燈的源頭是將紙糊在竹籠子外的「竹籠提燈」，它是從中國傳入，被室町時代的人所使用。

　　摺疊提燈則是出現於16世紀末期的天正時期左右，將紙糊於捲成螺旋狀的竹篾後，提燈便可上下摺疊。

　　將提燈吊在棒子前端即可拿來照路，不用時可摺疊收起。此外，也因為提燈既便利又輕巧，在江戶時代蔚為風行，日本各地也開始生產形狀與大小不一的提燈。

　　其中最有名的便屬小田原提燈，它呈現細長的圓筒狀，折疊後上方開口處與底部可疊合，讓體積縮小，作為攜帶式提燈相當方便。

結語

　　若是向日本人請教「何謂日本文化」，相信會得到各式各樣因人而異的答案。日本文化的內涵除了起源與歷史眾說紛紜外，傳統的才藝與武道還會因流派不同導致用語有所出入。節慶儀式也是如此，即便地處同一縣，可能會因地區不同而出現完全不同的儀式形式。而本書所介紹的內容不過是其中的一小部分。

　　日本文化自繩文時代開始引進中國與朝鮮半島的先進文化發展至今，並將傳入的文化進一步發揚，在經年累月下孕育出「獨特」的日本文化。

　　近年來日本史的研究有長足進展，過去被奉為圭臬的研究遭到推翻的例子不在少數，所以本書盡可能引用最新研究，今後若是有新的研究學說問世，本書也會加以改版訂正。

　　非常感謝插畫家小川花梨小姐為本書繪製插畫，因為有了這些賞心悅目的插畫，才使得這本書讀來更加有趣。

　　最後，我要藉此機會向打從這本書的企劃階段便對我照顧有加的編輯木田秀和先生致上由衷的謝意。

2019年6月　山本素子

参考文献

【第1章】
『ニッポンの伝統芸能―能・狂言・歌舞伎・文楽―』　椎出版社
『歌舞伎おもしろ百科』　水落潔／著　毎日新聞社
『ぴあ歌舞伎ワンダーランド』　松井今朝子／監修　石井伊都子・岩井志津／編　ぴあ
『歌舞伎がわかる本』　双葉社
『図解雑学　よくわかる歌舞伎』　石橋健一郎／編著　ナツメ社
『大江戸歌舞伎はこんなもの』　橋本治／著　筑摩書房
『物語で学ぶ　日本の伝統芸能3　歌舞伎』　原道生／監修　くもん出版
『能入門　鑑賞の誘い』　増田正造／監修　淡交社
『狂言の大研究―"笑い"の古典芸能　舞台・装束から名曲の見どころまで―』　茂山千五郎／監修　PHP研究所
『日本の伝統芸能を楽しむ　〔2〕能・狂言』　中村雅之／著　偕成社
『能楽大事典』　小林責・西哲生・羽田昶／著　筑摩書房
『文楽の世界』　権藤芳一／著　講談社
『文楽のすゝめ』　竹本織太夫／監修　実業之日本社
『雅楽（別冊太陽）』　平凡社
『雅楽を知る事典』　遠藤徹／著　東京堂出版
『図説雅楽入門事典』　芝祐靖／監修　遠藤徹・笹本武志・宮丸直子／著　柏書房
『ゼロからわかる！　図解落語入門』　稲田和浩／著　世界文化社
『落語入門百科』　相羽秋夫／著　弘文出版

【第2章】
『日本美術図解事典―絵画・書・彫刻・陶磁・漆工―』　守屋正彦・田中義恭・伊藤嘉章・加藤寛／監修　東京美術
『ていねいに暮らしたい人の、「一生使える」器選び』　内木孝一／著　講談社
『知る！使う！作る！うるしの器―あなたにもできる漆器作り―』　季刊「炎芸術」編集部／編　阿部出版
『日本の伝統染織事典』　中江克己／著　東京堂出版
『WASHI　紙のみぞ知る用と美』　浅野昌平・増田勝彦／監修　LIXIL出版

【第3章】
『角川茶道大事典』　林屋辰三郎ほか／編集　角川書店
『茶道ハンドブック―茶道のすべてがわかる小事典―新版』　田中仙翁／著　三省堂
『NHK趣味悠々　茶の湯　茶道具ものがたり〜表千家〜』　千宗左／著　日本放送出版協会
『いけばな―その歴史と芸術―』　伊藤敏子／著　教育社
『香道への招待』　北小路功光・北小路尚子／著　淡交社
『香と香道　第5版』　香道文化研究会／編　雄山閣
『邦楽入門―1冊でわかるポケット教養シリーズ―』　西川浩平／著　ヤマハミュージックメディア
『石倉昇の囲碁入門―囲碁の世界へようこそ―』　石倉昇／著　日本棋院
『将棋の歴史』　増川宏一／著　平凡社

【第4章】
『知識ゼロからの日本絵画入門』　安河内眞美／著　幻冬舎
『やまと絵―日本絵画の原点―（別冊太陽）』　村重寧／監修　平凡社
『浮世絵の歴史―美人絵・役者絵の世界』　山口桂三郎／著　講談社
『知識ゼロからの浮世絵入門』　稲垣進一／監修　幻冬舎
『はじめての浮世絵―世界にほこる日本の伝統文化―1』　深光富士男／著　河出書房新社
『日本の仏像―写真・図解　この一冊ですべてがわかる！―』　薬師寺君子／著　西東社
『すぐわかる図説日本の仏像』　宮元健次／著　東京美術
『日本庭園―空間の美の歴史―』　小野健吉／著　岩波書店
『岩波日本庭園辞典』　小野健吉／著　岩波書店
『すぐわかる日本庭園の見かた』　尼崎博正／監修　仲隆裕・今江秀史・町田香／著　東京美術
『日本書道史―決定版―』　名児耶明　監修　芸術新聞社

【第5章】
『しきたりの日本文化』　神崎宣武著　KADOKAWA／角川学芸出版
『ニッポンの縁起食――なぜ「赤飯」を炊くのか』　柳原一成・柳原紀子／著　日本放送出版協会
『日本のしきたり――開運の手引き』　武光誠／編著　講談社
『現代こよみ読み解き事典』　岡田芳朗・阿久根末忠／編著　柏書房
『全集　日本の食文化』　3.6.7.9.12巻　芳賀登・石川寛子監修　雄山閣出版
『日本の行事を楽しむ12カ月　くらしの歳時記』　古川朋子　主婦の友社

【第6章】
『Q&A日本の武道事典』　1〜3巻　ベースボール・マガジン社編　ベースボール・マガジン社
『相撲の歴史』　新田一郎／著　講談社
『ものと人間の文化史　179　相撲』　土屋喜敬／著　法政大学出版局
『ビジュアル大相撲図鑑―決定版―』　服部祐司／著　汐文社
『さあ、はじめよう！　日本の武道』　1，2　こどもくらぶ／編　日本相撲連盟／監修　岩崎書店
『柔道―その歴史と技法―』　藤堂良明／著　ベースボール・マガジン社
『はじめての空手道―危険に立ち向かう力が身につく。心技体を鍛えて強くなる―』　全日本空手道連盟／監修　誠文堂新光社
『改訂　合気道独習教本』　植芝吉祥丸／著　植芝守央／監修　東京書店

『はじめての合気道―自分を守る力が身につく。心と体を鍛えて健康になる―』 千野進／監修　誠文堂新光社
『技を極める合気道』 植芝守央／著　ベースボール・マガジン社
『剣道を知る事典』 日本武道学会剣道専門分科会／編　東京堂出版
『図説 剣道事典』 中野八十二・坪井三郎／著　講談社
『はじめての弓道―美しい所作が身につく。心と体を鍛えて健やかにする』 松尾牧則／著　誠文堂新光社
『弓道―その歴史と技法―』 松尾牧則／著　ベースボール・マガジン社
『弓具の雑学事典』 日本武道学会・弓道専門分科会編　森俊男ほか／著　スキージャーナル

【第 7 章】
『新訂 図説日本住宅史』 太田博太郎／著　彰国社
『日本住居史』 小沢朝江・水沼淑子／著　吉川弘文館
『和風建築の大研究―風土にあった生活 日本人の知恵と工夫―』 PHP 研究所／編　PHP 研究所
『室礼先人今人――住まいの文化誌』 ミサワホーム総合研究所出版制作室／編集　ミサワホーム総合研究所
『ヨーロッパ文化と日本文化』 ルイス・フロイス／著　岡田章雄／訳注　岩波書店
『陰翳礼讃』 谷崎潤一郎／著　角川書店
『近世風俗志―守貞謾稿―1 ～ 5』 喜田川守貞／著　宇佐美英機／校訂　岩波書店
『古い道具と昔のくらし事典―住まいの道具と衣類―』 国立歴史民俗博物館・内田順子・関沢まゆみ監修　金の星社
『ふろしきと手ぬぐいの本―包んで、飾って、まとう布―』 京都和文化研究所むす美・ケイス監修　山海堂
『新版 昔のくらしの道具事典』 神野善治・小林克／監修　岩崎書店
『絵引 民具の事典 ―イラストでわかる日本伝統の生活道具―』 岩井宏實／監修　工藤員功／編　河出書房新社
『子どもに伝えたい和の技術 5 あかり』 和の技術を知る会／著　文溪堂

【章末専欄】
『日本の食文化』 原田信男／編著　放送大学教育振興会
『すし・寿司・SUSHI』 森枝卓士／著　PHP 研究所
『図説 着物の歴史』 橋本澄子／編　河出書房新社
『現代きもの講座』 長沼静／著　ブティック社
『盆栽・伝統園芸植物の鑑賞知識』 盆栽・伝統園芸植物の鑑賞知識製作委員会／編　誠文堂新光社
『創る・育てる・楽しむ 盆栽入門』 平尾成志／監修　コスミック出版
『折り紙』 小林一夫／著　国際おりがみ協会／監修　文溪堂
『花火の大図鑑―職人の技が光る 種類、作り方から歴史まで―』 日本煙火協会／監修　PHP 研究所
『日本の花火はなぜ世界一なのか?』 泉谷玄侍／著　講談社
『花火――火の芸術』 小勝郷右／著　岩波書店
『神輿大全』 宮本卯之助／監修　誠文堂新光社

┃参考網站

●文化デジタルライブラリー　http://www2.ntj.jac.go.jp/unesco/kabuki/jp/index.html
●宝生会　http://www.hosho.or.jp
●落語芸術協会　https://www.geikyo.com
●漆夢工房　http://www.kiyo-sato.com
●輪島塗の稲忠　http://www.inachu.jp
●別府竹細工　https://www.beppu-take-kumiai.com
●別府市の竹細工伝統産業会館　http://www.city.beppu.oita.jp/06sisetu/takezaiku/takezaiku.html
●阿波和紙　http://www.awagami.jp/index.html
●美濃和紙の里会館　http://www.city.mino.gifu.jp/minogami
●石原製紙　http://www.ishihara-seishi.co.jp
●高知県手すき和紙協同組合　http://www.tosawashi.or.jp/
●越前和紙　https://www.washi.jp/index.html
●池坊　https://www.ikenobo.jp
●未生流　http://misho-ryu.com
●小原流　https://www.ohararyu.or.jp
●草月流　http://www.sogetsu.or.jp
●裏千家　http://www.urasenke.or.jp
●表千家　https://www.omotesenke.jp
●日本棋院　https://www.nihonkiin.or.jp
●日本将棋連盟　https://www.shogi.or.jp
●浮世絵ぎゃらりい　http://www.ukiyo-e.jp
●相撲協会　http://www.sumo.or.jp
●講道館　http://kodokanjudoinstitute.org
●沖縄劉衛流空手・古武道龍鳳館 羽地龍鳳館　http://www.haneji.sakura.ne.jp
●日本空手協会　https://www.jka.or.jp
●国際空手道尚武会　http://www.shoubukai.com
● 2020 年東京オリンピック　https://tokyo2020.org/jp/games/sport/olympic/karate
●全日本剣道連盟　https://www.kendo.or.jp
●合気会　http://www.aikikai.or.jp/aikido/index.html
●合気道養神館　https://www.yoshinkan.net
●日本合気道協会　http://aikido-kyokai.com
●全日本弓道連盟　https://www.kyudo.jp/howto

作者

山本素子

生於京都，立命館大學畢業。
曾任職於出版社與廣告公司，其後身分為自由作家與編輯，曾參
與多部書籍與雜誌的編輯。經手過的案件內容多元，包括全方面
的日本傳統文化、政經、美妝與料理等題材。近年來以日文教師
身分活躍中，主要著作有《醫師‧登山家　今井通子》（理論
社）、《現代陶藝家20人》（每日出版社　合著）、《日本的傳
統文化（日英對照版）》（IBC出版）等。

插圖

小川花梨

出身於岡山縣的自由插畫家，目前生活區域在岡山，以繪製插畫
或漫畫為日常。喜歡旅行、吃東西與KIRINJI樂團。著有漫畫圖文
書《搭上夜行巴士出門去》（EASTPRESS）。
https://www.ogawacarin.com

日本文化 ビジュアル解体新書
日本文化の圖解小百科
如何過節、品茶道，專為外國人解説的文化小百科

作　　　者	山本素子
繪　　　者	小川花梨
譯　　　者	李佳霖
封面設計	萬亞雰
內頁構成	詹淑娟
文字編輯	溫智儀
執行編輯	柯欣妤
校　　　對	吳小微
行銷企劃	蔡佳妘
業務發行	王綬晨、邱紹溢、劉文雅
主　　　編	柯欣妤
副總編輯	詹雅蘭
總 編 輯	葛雅茜
發 行 人	蘇拾平

國家圖書館出版品預行編目(CIP)資料

日本文化の圖解小百科 /山本素子著;小川花
梨繪;李佳霖譯. -- 二版. -- 新北市 : 原點出版
: 大雁文化事業股份有限公司發行, 2024.11
192面 ; 14.8x21公分
ISBN 978-626-7466-74-2(平裝)

1.文化 2.日本

731.3　　　　　　　　　　　　113014389

出版　　　原點出版 Uni-Books
　　　　　Facebook: Uni-Books 原點出版
　　　　　Email: uni-books@andbooks.com.tw
　　　　　地址：新北市新店區北新路三段207-3號5樓
　　　　　電話：（02）8913-1005 傳真：（02）8913-1056
發行　　　大雁出版基地
　　　　　地址：新北市新店區北新路三段207-3號5樓
　　　　　24小時傳真服務（02）8913-1056
　　　　　讀者服務信箱 Email: andbooks@andbooks.com.tw
　　　　　劃撥帳號：19983379
　　　　　戶名：大雁文化事業股份有限公司

初版一刷　2021年5月
二版一刷　2024年11月

定價　　　440元

ISBN 978-626-7466-74-2（平裝）
ISBN 978-626-7466-68-1（EPUB）